NÁDIA RECIOLI

EM NOME DA MÃE

SÃO PAULO
2024

CONTRACORRENTE

Alameda Itu, 852 | 1º andar |
CEP 01421 002
www.editoracontracorrente.com.br
contato@editoracontracorrente.com.br

EDITORES
Camila Almeida Janela Valim
Gustavo Marinho de Carvalho
Rafael Valim
Walfrido Warde
Silvio Almeida

EQUIPE EDITORIAL
COORDENAÇÃO DE PROJETO: Erick Facioli
REVISÃO: Beatriz Duarte Lopes
PREPARAÇÃO DE TEXTO E REVISÃO TÉCNICA: Amanda Dorth
DIAGRAMAÇÃO: Pablo Madeira
CAPA: Maikon Nery

EQUIPE DE APOIO
Carla Vasconcelos
Regina Gomes
Nathalia Oliveira
Geovanna Sales

Dados Internacionais de Catalogação na Publicação (CIP)
(Câmara Brasileira do Livro, SP, Brasil)

Recioli, Nádia
Em nome da mãe / Nádia Recioli. -- 1. ed. --
São Paulo : Editora Contracorrente, 2024.

Bibliografia.
ISBN 978-65-5396-189-0

1. Antropologia social - Brasil 2. Ensaios
3. Feminismo 4. Maternidade - Aspectos sociais
5. Mulheres - Aspectos sociais 6. Mulheres -
Identidade I. Título.

24-205979 CDD-305.42

Índices para catálogo sistemático:

1. Mulheres : Aspectos sociais : Sociologia 305.42
Aline Graziele Benitez - Bibliotecária - CRB-1/3129

@editoracontracorrente
Editora Contracorrente
@ContraEditora
Editora Contracorrente

SUMÁRIO

PREFÁCIO

Pratica-se a ocupação predatória dos corpos femininos e feminizados em uma dimensão jamais vista.

Rita Laura Segato

Território, propriedade e posse. O corpo feminino como coisificado – seja no coito seja no parto – é o centro do debate apresentado por Nádia Recioli neste texto. Usando a docilidade que lhe é característica, a autora nos leva para a reflexão mais do que necessária sobre a quem pertence o direito de existir como forma feminina em todas as suas nuances. Centrando sua análise na (o)pressão socio estrutural, a autora apresenta a dinâmica acerca do papel da mulher na hereditariedade e filiação humana. Um debate há muito cerceado em espaços acadêmicos ou movimentos sociais, a maternagem, maternidade, paternidade e o feminino compõe uma complexa teia em que essa volatidade do papel feminino é tão lânguida quanto expropriável.

A gestação e o cuidado, como a autora nos possibilita pensar, é um exercício de resistência diante do reconhecimento das amarras socioculturais impostas pela hierarquia de gênero, isto é, um debate sobre os fins e meios do poder e suas desproporções. A polêmica do cuidado/abandono de si e do outro – a exterogestação, o aborto, o estupro e a servidão feminina – insere a construção da ideia de feminilidade em um labirinto sem chegada, um conjunto de caminhos sem saída onde a mulher, em suas diversas fases e momentos da vida, carrega uma obediência involuntária ora transformada em sacrifício, ora em culpa. O tornar-se mulher de Beauvoir, neste debate, enfrenta a realidade da resultante dessa construção violenta debatida por Vergès.

Estruturado, de forma consistente, em uma complexa variedade de evidências científicas sobre o vínculo mãe-bebê, a exterogestação e a libido não falocêntrica, Recioli apresenta o diálogo entre as evidências e as crenças muitas vezes reforçadas pela estrutura do poder masculino da sociedade. Um texto que, de forma multidisciplinar introduz o peso do debate acerca da saúde no centro da reflexão político estrutural sobre o sistema social e suas formas de subjugação feminina. O reconhecimento do tempo de exterogestação em conflito com os anseios e desejos do masculino – pai – é a ponta da lança que a autora arremessa às leitoras mais atentas.

O domínio do corpo feminino perpassa todo o debate, e, em consequência, a reflexão diante dos serviços e desserviços trazidos pelo feminismo liberal para a efetiva libertação feminina. A acurácia de Recioli a coloca em diálogo direto com o feminismo decolonial de François Vergès, Maria Lugones, Gloria Anzaldúa e Lélia González; não como interlocutora, mas como pensadora capaz de proporcionar a expansão dos incômodos sobre a colonização da sujeita feminina trabalhadora, mestiça, explorada, oprimida e colonizada para a centralidade da função social da mulher neste sistema: a reprodução humana.

A função social da reprodução coloca a violência – em todas as suas formas – sob a mulher-alvo, mulher-mãe, mulher-objeto, mulher-prazer. Ela sustenta o tabu do prazer feminino não atrelado ao falo, ao homem-viril, ao homem-proteção, ao homem-dominação. O prazer e a libido, complexos para a ser feminina, compõem todas as suas nuances e, consequentemente, são condenáveis em cada uma delas. Recioli debate sobre as diversas formas e prismas dessas condenações, levando às leitoras caminhos diversos para a mesma conclusão: seja na forma que for, o prazer feminino é um direito inexistente que está aquém do seu direito de existir como mulher integralmente.

Urge, portanto, o aprofundamento multifacetado da reflexão que este texto nos proporciona: seja do ponto de vista das escolhas das evidências científicas de referência para decisões sobre a saúde da mulher; seja pelo reconhecimento do tempo de gestar, do cuidado e do prazer materno; seja pelo exercício da libido condenada em todas as formas; seja, ainda, pelos abortos exterogestacionais exigidos em detrimento daqueles abortos intrauterinos negados. Transitando entre religião, medicina, filosofia e antropologia, as diversas dimensões apresentadas nos carregam para a centralidade do exercício do poder político-econômico que reproduz e sustenta a forma social que pulveriza a feminilidade em condenações e castrações.

Cabe a nós, leitoras, a reflexão e o desdobramento prático dessa conscientização tão necessária, onde finca essa pesada lança. Repensar sobre os limites do feminismo liberal em sua centralidade do corpo e a decolonização desse feminismo trazendo para a arena o poder político, econômico e socialmente reproduzido do masculino como sujeito. A sujeita mulher – em toda complexidade do que é seu ser-sentido e ser-significado – não mais subjugada ao ritmo de interesses violentos da hegemonia masculina. Finquemos na libertação como direito ao ser e sentir, não apenas ao corpo feminino.

MARIA STELLA D'AGOSTINI

INTRODUÇÃO

Patriarcado é o território, o tempo e a jurisdição em que a figura, literal e simbólica, do *Pai* é a autoridade máxima, cuja vontade é *lei* que deve ser obedecida, assim na terra como no céu, sob pena de morte, literal ou simbólica, para os desobedientes, rebeldes e dissidentes. Para que tal cenário seja possível, é necessário que a *Mãe* seja minimizada, silenciada e retirada de cena, pois do contrário ela poderia intervir em prol de suas filhas e filhos. Victoria Sau fala desse "vazio da maternidade" como o eixo central de fundação e sustentação da sociedade patriarcal. Com essa expressão ela se refere a um complexo mecanismo de esvaziamento da função social da figura materna, de destituição do *direito materno* e da exigência incessante – quase ritualisticamente reencenada – do **sacrifício do filho em nome da vontade e do Poder do Pai**, em desprezo à vontade da Mãe, como veremos mais detalhadamente ao longo deste ensaio. O resultado dessa produção social é a eliminação da *Mãe* (com M maiúsculo) e sua substituição por uma "impostora", a *mãe patriarcal* – que Sau chama de *mãe-função-do-Pai* e representa pela fórmula *m=f(P)* –, que trabalha servilmente na reprodução e domesticação da força de trabalho para o Estado patriarcal e capitalista.

Por sua vez, Casilda Rodrigáñez Bustos tem apontado insistentemente para o fator da **violação da simbiose entre mãe e bebê** no começo da vida como um dispositivo fundamental para a produção de um **estado de submissão inconsciente** nos sujeitos, necessário à reprodução da repressão e do autoritarismo característicos da sociedade patriarcal. A compreensão dessa simbiose – e do interesse patriarcal em destruí-la – leva à compreensão de que a expressão primária da sexualidade humana é a **sexualidade materno-infantil**, da qual o homem adulto heterossexual está excluído (o que não deveria em nenhuma medida parecer um problema, considerando que o mesmo homem adulto heterossexual, assim como todas as outras pessoas, foi – ou devera ter sido – em seu devido momento um bebê em simbiose com sua própria mãe).

A forma como parimos, nascemos e somos criados reflete o tipo de seres humanos que nos tornamos. O tipo de seres humanos que nos tornamos reflete o tipo de sociedade que somos capazes de construir. E o caminho inverso também pode ser trilhado: a sociedade que construímos reflete os sujeitos que somos, que reflete a maneira como tratamos nossas mães e bebês. É preciso reconhecer, portanto, as severas implicações sociais e políticas da forma violenta e repressiva como temos experienciado o período perinatal – tanto como mães quanto como bebês – nas sociedades patriarcais.

A sistemática cisão conceitual entre maternidade e política social, seu isolamento e confinamento, somados à disseminação generalizada dos métodos de separação entre mães e bebês no início da vida, formam um conjunto de estratégias eficazes no ocultamento de aspectos importantes da vida humana, cuja compreensão atinge o patriarcado em suas bases. Tais aspectos são da ordem das pulsões vitais, se inscrevem no limiar entre o corpo e a linguagem, entre a subjetivação e a alteridade, entre a criação e a dádiva, entre o "natural" e o "cultural", e nos informam sobre a existência do erotismo materno, da libido convertida em ternura e da possibilidade da saciedade. Não por acaso, são noções escorregadias à racionalidade binária em que nossa mente patriarcal foi treinada. Nos faltam, muitas vezes, as palavras que possam definir de maneira mais precisa tudo o que se refere à repressão da sexualidade materna e suas implicações subjetivas e sociais. Esse ensaio se soma aos esforços de tornar visíveis, dizíveis e palpáveis a multiplicidade de afetos e sentidos produzidos pela experiência transcendente e *anárquica* do "outro em si", assim como as nefastas consequências de seu apagamento simbólico e factual. No dia em que isso finalmente for alcançado, assistiremos ao desmoronamento do poder, junto com todos os seus aparatos de repressão, disciplinamento e controle: a lei escrita, o casamento, a família nuclear, a propriedade privada, o Estado, o Capital, a guerra, o punitivismo, a medicalização, a produção sistemática da devastação e a gestão da escassez.

Mas, comecemos do começo: no princípio, era o útero.

CAPÍTULO I

A FALHA BÁSICA: A FALTA DE MÃE OU PARA ALÉM DO COMPLEXO DE ÉDIPO

Durante a gestação e logo após o parto e o nascimento, mãe e bebê formam uma unidade inseparável, um Todo que é mais que simples soma das partes, uma mãe e seu bebê. Trata-se de um vínculo profundo, de produção e fluxo constante de fluidos vitais, libido, energia vital. A origem mesma do amor e a fundação de nossa sexualidade.

Existe um conceito para nomear a etapa da vida logo após o nascimento: a chamada *exterogestação*. Trata-se de uma consequência de nossa complexa condição evolutiva que combina um cérebro hiper desenvolvido com uma pélvis estreitada pelo caminhar bípede. Para que a cabeça do bebê humano possa passar pela pélvis de sua mãe, é necessário que esse bebê nasça em um estágio de desenvolvimento e autonomia muito anterior, se comparado a outros mamíferos que, por exemplo, já nascem capazes de caminhar, acompanhar o bando e sobreviver por si mesmos. Esses filhotes nascem com cerca de 80% do tamanho do cérebro que terão quando adultos, ao passo que nós nascemos com apenas 25%. O processo gestacional segue fora do útero e apenas vamos alcançar os mesmos 80% de massa cerebral cerca de 9 meses a 1 ano depois do nascimento. Ou seja, o período de exterogestação do bebê humano dura pelo menos o mesmo da uterogestação.[1] Nessa etapa, o bebê humano depende fisiológica e psiquicamente de sua

---

1 MONTAGU, Ashley. *Tocar*: o significado humano de pele. 10ª ed. São Paulo: Summus Editorial, 1988.

mãe e ambos experimentam um estado simbiótico, formando um binômio inseparável, vinculado por uma intensa carga libidinal.[2]

"Hoje nós podemos entender que a capacidade de amar é, em grande parte, organizada e construída durante o período em torno do nascimento",[3] devido ao coquetel de hormônios e processos neurológicos específicos que atuam no binômio mãe-bebê nesse momento. Nossos primeiros sentimentos de afeição serão, portanto, inicialmente direcionados à figura materna para, aos poucos, irem se desenvolvendo, se ampliando e se direcionando a outras pessoas do entorno, o pai, os irmãos e a comunidade em geral. Por isso, esse *ambiente materno*, de segurança e acolhimento, é essencial ao bom desenvolvimento das funções empáticas e cognitivas, assim como da futura capacidade de sociabilidade do sujeito. A evidência científica corrobora a importância de a separação entre mãe e bebê no início da vida ser reduzida a zero:

> O recém-nascido humano nasce com um cérebro relativamente pequeno, mas a ciência tem mostrado que ele é perfeitamente conectado e competente para o início da vida extrauterina (SCHORE, 2001a; WINBERG, 2005). Um ser humano nunca estará tão alerta quanto depois de um parto vaginal: a noradrenalina desperta o cérebro e é 10 vezes mais alta ao nascer do que nunca (LAGERCRANTZ; BISTOLETTI, 1977). Altos níveis de noradrenalina ativam os pulmões e, mais importante, garantem um vínculo precoce com a mãe (ROSS; YOUNG, 2009). O cheiro da mãe (PORTER, 1998), seu contato e calor "disparam" um caminho da amígdala do bebê para seu lobo frontal (BARTOCCI, *et al.* 2000), que conecta os circuitos cerebrais emocionais e sociais do recém-nascido (NELSON; PANKSEPP, 1998). Embora os genes tenham tornado isso possível

---

2 BALINT, Michael. *A falha básica*. Porto Alegre: Artes Médicas Sul, 1993.

3 Michel Odent em *O renascimento do parto*. Direção: Eduardo Chauvet. Brasil, 2013. Documentário 1h30min.

> (LAGERCRANTZ, 1996), a experiência da presença física constante e ininterrupta da mãe faz isso acontecer (HOFER, 1994). Costumava-se perguntar se "a natureza ou a criação conduzia o desenvolvimento; mais recentemente, acreditava-se que era a natureza, a criação E o nicho" – sendo nicho o ambiente – que o faziam. A visão atual é considerar tanto a criação quanto o nicho como ambiente; os efeitos genéticos da natureza são multiplicados em sua interação com esse ambiente (CASPI *et al.* 2010).[4]

Eu gostaria de destacar, na citação acima, a palavra *nicho*: um termo da biologia que se refere a um contexto que oferece, em quantidade suficiente, as condições e recursos que um ser necessita para desenvolver-se plenamente. Mas cabe perguntar o que significa desenvolver-se plenamente. Por exemplo, um animal em cativeiro, uma ave numa granja, ainda que receba a comida e água que precisa para manter-se vivo, consegue desenvolver-se *plenamente*, da mesma forma como se estivesse em seu verdadeiro hábitat? As línguas Guarani têm um conceito belíssimo para definir, nesse sentido, o ambiente humano: o *tekoha* Kaiowá ou *tekoa* Mbya é algo como "o lugar onde eu posso ser quem verdadeiramente sou". Não há conceito semelhante em português e compreendemos pobremente o *tekoha* como o território geográfico, a "aldeia", ou nos vemos ante a necessidade de desenvolver conceitos novos, como o de "territorialidade", mas ainda sem conseguir abarcar completamente a complexidade e profundidade da função subjetiva e espiritual da inter-relação dos povos autóctones com o seu lugar. Isso revela a lógica objetificante da mentalidade que nos coloniza, submetendo territórios e corpos à lógica da propriedade. O nicho, o *tekoha* do bebê humano é o corpo materno, é esse o ambiente que permite que ele se torne quem verdadeiramente é.

---

4 BERGMAN, Nils J. "The neuroscience of birth: and the case for zero separation". *Curationis*, vol. 37, nº 2, 2014. Disponível em: http://dx.doi.org/10.4102/curationis.v37i2.1440. Acessado em: 13.03.2024 (tradução livre da autora).

Na vida dentro do útero, o bebê experimenta uma condição nirvanística, de plenitude: está sendo nutrido em todas as suas necessidades e em tempo integral pela placenta, cada milímetro do seu corpo – por dentro e por fora – está em contato com o calor, o ritmo, os fluidos e o embalo do corpo materno, sem precisar *fazer* nada. Sua condição singular é a de um *outro* imerso no corpo materno, com o qual compõe um mesmo sistema vivo. Porém, ao nascer, o bebê se encontra repentinamente em uma situação muito distinta, em que experimenta uma grande vulnerabilidade. Necessita aprender a existir por conta própria, respirar, regular a temperatura corporal, alimentar-se, mover-se e, como se tudo isso não fosse tarefa suficiente, cada segundo de experiência fora do útero traz um sem número de sensações, luzes, cheiros, sons, cores que invadem seu corpo, uma quantidade infindável de estímulos e informação que o bebê deve agora apreender, categorizar, organizar, interpretar, significar e manejar. No corpo humano, a função perceptiva é realizada de maneira altamente especializada pelo sistema nervoso e pelos órgãos sensoriais, especialmente a pele, famosa por ser "o maior de todos os órgãos". De fato, o tato é o primeiro sentido a se desenvolver no feto e dele derivam todos os demais. No nascimento, as contrações uterinas e a passagem pelo canal vaginal cumprem a importante função de estimular o sistema nervoso através da pele, responsável pela ativação e tonificação dos sistemas básicos do bebê, como o gastrointestinal, urinário e respiratório.[5] A pele configura o contorno, o "escudo protetor", a membrana que separa e ao mesmo tempo permite o contato do organismo com o exterior, filtrando o que entra e o que sai. Ou seja, é exatamente através do contato com o *outro*, com o ambiente, com aquilo que não somos nós, que podemos reconhecer os contornos daquilo que efetivamente somos.

Diante de tamanho desafio que será enfrentar o mundo fora do útero, o bebê então deseja: quer de volta a segurança, o calor, o

---

5 MONTAGU, Ashley. *Tocar*: o significado humano de pele. 10ª ed. São Paulo: Summus Editorial, 1988.

embalo, o aconchego e a comunhão. Deseja o nicho-mundo-mãe que o envolve e acolhe plenamente. E quando finalmente encontra o seio, esse desejo é saciado. O bebê se reconecta com o fluxo materno e descobre aí o prazer. Ora, a possibilidade de desejar e ser saciado não existia na plenitude nirvanística do útero. O bebê começa a ser humano, ser desejante. Tem à sua frente um mundo inteiro a desbravar e atrás de si o caminho de volta, a segurança de poder restaurar-se no seio materno sempre que necessite para, depois, incursionar outra vez e talvez um pouco mais longe no mundo, podendo depois voltar novamente ao seio, e assim por diante. O bebê, no seio, goza.

Que fique claro, portanto, o caráter libidinal da relação entre mãe e bebê na primeira infância: ambos os corpos se desejam e se saciam mutuamente. Pois também a mãe deseja intensamente ter o bebê em seus braços, deseja saciar-se em sua saciedade, produzida por um **fluxo** vital e prazeroso que se estabelece entre ambos: "libidinalmente, a mãe é quase tão dependente de seu bebê como o bebê é dela; nenhum deles pode ter essa forma particular de relação e de satisfação independentemente do outro".[6] Nossa capacidade de amor, empatia e afeição tem suas raízes biopsíquicas nesse exato processo. Isso posto, não fica difícil admitir que estamos falando de uma etapa importantíssima da sexualidade humana. O ciclo gravídico puerperal é uma fase do ciclo sexual feminino, que se cumpre a partir do momento da concepção até o desmame. Ao falar em sexualidade feminina nos referindo apenas aos processos anteriores ou alheios à gestação, nascimento e puerpério, estamos deixando de lado uma parte essencial da questão. Os hormônios envolvidos na excitação e prazer sexual seguem atuando, principalmente no parto e na amamentação. A libido da mulher puérpera se volta para o bebê e é engajada nessa relação como *ternura*,[7]

6 BALINT, Michael. *A falha básica*. Porto Alegre: Artes Médicas Sul, 1993, p. 151.

7 KRISTEVA, Julia "A religância, ou do erotismo materno". *Ide*, São Paulo, vol. 35, nº 55, 2013.

ou seja, existe uma mudança tanto no direcionamento quanto na qualidade da pulsão e do afeto. A queixa, muito comum no atendimento a mulheres durante o pós-parto, sobre as dificuldades de retomar a vida sexual com o marido, se deve a uma compreensão social ainda muito limitada a respeito do funcionamento de nossa sexualidade. No senso comum, estamos ainda arraigados à crença de que *sexualidade* se refere exclusivamente aos processos relacionados ao coito, sendo este entendido principalmente como uma relação falocentrada, que se dá entre dois indivíduos adultos heterossexuais, sendo todas as demais expressões da sexualidade humana tomadas como meras derivações desse "modelo". É claro que temos tido avanços significativos nesse debate, graças aos esforços de toda a militância de dissidências sexuais e de gênero. No entanto, urge ampliarmos ainda mais nossa concepção de sexualidade para considerar com a devida atenção e profundidade o tema da **sexualidade materno-infantil.**

Os elementos estão dados: uma relação simbiótica, metabolizada através dos mesmos hormônios responsáveis pela excitação e prazer sexual, com uma alta carga libidinal e de desejo físico pelo corpo do outro. Apenas a custo de muito discurso moralizante não podemos – ou tememos – reconhecer que **o binômio mãe-bebê é a primeira dupla sexual humana**[8] e nomeá-la assim de maneira explícita. Nesse ponto da discussão é absolutamente fundamental não confundirmos esse desejo profundo do bebê pelo corpo materno (e vice-versa) com uma vontade de "comer a própria mãe". O problema está em atribuir ao bebê uma sexualidade adulta, descrita nos termos de uma *linguagem adulta*, a qual o bebê simplesmente ainda não acessa, devido ao seu estágio primevo de desenvolvimento:

---

8 BUSTOS, Casilda Rodrigáñez; VIÑAMBRES, Ana Cachafeiro. *La Represión del Deseo Materno y la Génesis del Estado de Sumisión Inconsciente*. 3ª ed. Murcia: Crimentales, S.L. 2007.

> O complexo de Édipo foi uma das maiores descobertas de Freud, que o descreveu como sendo o complexo nuclear de todo o desenvolvimento humano – de saúde e doença, religião e arte, civilização e lei, etc. Apesar de o complexo de Édipo ser característico de uma fase bastante precoce do desenvolvimento, Freud não hesitou em descrever as experiências mentais, emoções e sentimentos infantis dessa fase em linguagem de adultos. (Como queremos deixar claro o principal problema de cronologia, deixamos deliberadamente em aberto a definição daquilo que é considerado uma idade muito precoce). De fato, a hipótese de Freud foi uma audaciosa projeção, uma ousada extrapolação. Formulou tacitamente a hipótese, sem maiores provas, de que as emoções, sentimentos, desejos, medos, moções pulsionais, satisfações e frustrações da criança muito pequena são não apenas muito semelhantes aos dos adultos, mas também possuem entre si relação de reciprocidade. Sem essas duas hipóteses, seria totalmente injustificável a utilização da linguagem adulta para descrever tais eventos.[9]

Sabemos o que o bebê deseja, pois o expressa muito enfaticamente: deseja estar em contato pele a pele com sua mãe, ser embalado e mamar em seu seio. E não faz diferença alguma se esse bebê é menino ou menina ou intersexo. Essa é a **sexualidade primária** que todos os seres humanos experimentamos: uma sexualidade côncava, suave, envolvente e acolhedora, da qual **o falo não participa.**[10] A grave consequência da repressão e interrupção do fluxo libidinal entre mãe e bebê, que se opera de múltiplas maneiras na sociedade patriarcal, é uma amputação, um apagamento mesmo dessa parte essencial de nossa sexualidade, a tal ponto que

---

9 BALINT, Michael. *A falha básica*. Porto Alegre: Artes Médicas Sul, 1993, p. 10.

10 BUSTOS, Casilda Rodrigáñez; VIÑAMBRES, Ana Cachafeiro. *La Represión del Deseo Materno y la Génesis del Estado de Sumisión Inconsciente*. 3ª ed. Murcia: Crimentales, S.L. 2007.

nos faltam palavras e conceitos para sequer reconhecer essa parte de nós mesmos. Os efeitos disso em nossa formação como sujeitos são profundos e profundamente patológicos.

> A adultocracia gera um pensamento adultocêntrico e uma sexualidade falocrática e falocêntrica; é lógico, porque se trata de suprimir a sexualidade primária para colocar a vida humana na espiral da falta e da submissão. É necessário baixar muito, quase rente ao chão, a meio metro do chão, que é o que um pequeno ser humano pode medir, para nos aproximarmos dele, olhá-lo, sentir com ele e senti-lo em nossas entranhas. Entenderemos que existe outra sexualidade e compreenderemos o que está se formando entre mãe e criança (Groddeck, 1923), a intensa carga libidinal dos bebês (Balint, 1975); e poderemos começar a vislumbrar um conceito diferente de sexualidade que nos leva de volta à nossa própria ferida, à frustração daquele amor primordial que nos foi negado. Isso não apenas nos levará a uma sexualidade feminina muito diferente, mas também a uma sexualidade das crianças e dos homens cuja sensibilidade erótica seria muito diferente se não tivessem sofrido a repressão primária quando crianças. Reconheceremos uma sexualidade infantil mesmo que seus órgãos sexuais ainda não tenham alcançado a puberdade, precisamente porque essa sexualidade não é um reflexo de uma sexualidade adulta que já se percebia na infância, mas uma sexualidade diferente, ligada à criação em vez do coito.[11]

Ao ser separado da mãe, o bebê chora. É sua maneira de comunicar que algo não vai bem, de chamar a mãe para que venha embalá-lo em seus braços e com isso auxiliá-lo em sua regulação corporal. Se isso não acontece, ou não acontece rápido o suficiente,

---

11 BUSTOS, Casilda Rodrigáñez; VIÑAMBRES, Ana Cachafeiro. *La Represión del Deseo Materno y la Génesis del Estado de Sumisión Inconsciente*. 3ª ed. Murcia: Crimentales, S.L. 2007, p. 287 (tradução livre da autora).

ou não acontece por tempo suficiente, o bebê entra em estado de estresse, havendo uma descarga de hormônios como cortisol e adrenalina em seu organismo, os quais são inversamente proporcionais à presença dos hormônios do prazer, tais como ocitocina e endorfinas. Bergman descreve os impactos neurológicos que a separação da mãe causa no bebê:

> A ciência por trás da biologia reprodutiva é de que *todas* as sensações corporais da mãe ajudam a controlar *todas* as diferentes partes da fisiologia do bebê (HOFER, 2005); isso é chamado de regulação. **Uma regulação materna prolongada resulta em parâmetros fisiológicos saudáveis** (HOFER, 2005), mediados por configurações epigenéticas que conectam os circuitos neurais do mesencéfalo (MEANEY; SZYF 2005). Os bebês choram por causa da ausência dos reguladores sensoriais maternos: eles estão experimentando desregulação (CHRISTENSSON *et al.*, 1995; HOFER, 2005). Isso desliga o hormônio do crescimento do bebê e ativa o cortisol (HOFER, 2005). O cortisol desvia todas as calorias e outros recursos neurológicos para garantir a sobrevivência, dessa forma a homeostase é restabelecida, mas à custa do crescimento. Essas crianças apresentam "sinais vitais estáveis", mas a energia consumida para atingir essa homeostase não é medida (MCEWEN; SEEMAN, 1999). **Quando a mãe fornece regulação por meio de seu próprio corpo, toda a energia do bebê fica disponível para o desenvolvimento.** (...) Quando o cortisol está fazendo a regulação, estão sendo programados parâmetros homeostáticos menos eficientes na fisiologia do bebê. Esses parâmetros permanecem por toda a vida (HOCHBERG *et al.*, 2011). O efeito mais bem determinado dessa reprogramação é a obesidade (STETTLER *et al.*, 2005), mas hipertensão, colesterol alto e diabetes podem ser prováveis resultados de saúde devido a tais alterações (COE; LUBACH, 2008). Além disso, a conexão da amígdala com o lobo frontal do bebê é debilitada (SCHORE, 2001b) e **a capacidade de confiança fica**

comprometida quando as necessidades básicas do bebê não são atendidas (ROSS; YOUNG, 2009).[12]

A resposta fisiológica ao estresse serve para que o ser em questão se coloque em um estado de alerta e consiga fugir ou lutar, ou ainda "fingir-se de morto", buscando resolver da maneira mais rápida possível a situação de perigo, para em seguida retomar a homeostase e o equilíbrio naturais do corpo. Se por alguma razão a situação de estresse se torna permanente, um processo de intoxicação entra em curso. Essa intoxicação pelos hormônios do estresse é causa conhecida de diversas doenças, inclusive no organismo adulto. No caso de um recém-nascido, trata-se da internalização do medo e da falta como a condição habitual da existência, antes mesmo de ser capaz de nomear o que sente como "medo" ou "falta" ou outro nome. A consequência disso é que muito cedo esse bebê, que somos nós, começa a aprender a negociação necessária para obter o amparo, a segurança e o acolhimento de que necessita.

> A criança aprende a calcular quando o corpo materno está e quando não está e o que deve fazer para obtê-lo: e pouco a pouco aprende a submeter-se em troca de obter o que necessita. O vínculo da relação empática se transformará, em certa medida, de acordo com a qualidade da maternagem, em uma relação de submissão e dominação. Assim nosso psiquismo inicia um desenvolvimento destinado a se adaptar às condições da nossa formação social, às relações de dominação. É a parte de nosso psiquismo que chamamos de ego. O que estava previsto para situações excepcionais de alerta e perigo se desenvolveu além do circunstancial, tornou-se crônico.[13]

---

12 BERGMAN, Nils J. "The neuroscience of birth: and the case for Zero Separation". *Curationis*, vol. 37, nº 2, 2014, p. 2 (grifos nossos). Disponível em: http://dx.doi.org/10.4102/curationis.v37i2.1440. Acessado em: 13.03.2024 (tradução livre da autora).

13 RODRIGÁÑEZ, Casilda. *A Matrística aqui e agora*. 1ª ed. Belo Horizonte: Luas, 2020, p. 33.

Se ninguém vem por ele, se o deixam chorar, quando finalmente compreende que é inútil gritar por sobrevivência, o bebê finalmente desiste, se cala, se submete à autoridade externa que determina seus horários de comer, de dormir, etc. Entende muito cedo em sua formação que a maneira de sobreviver é aceitar as regras e conformar-se a elas, desde muito cedo é desconectado da percepção de seu próprio corpo e privado de sua capacidade inata de autorregulação, uma vez que seus desejos e necessidades corporais básicas não são atendidos. Quando ele quer mãe, encontra mamadeira, chupeta, berço. Quando ele quer agora, encontra o imperativo de esperar. Quando ele quer embalo, colo e aconchego, encontra separação, solidão e silêncio. Sua capacidade de autoconhecimento e autonomia é cortada na raiz, sob a alegação ilógica de que, do contrário, o bebê se tornaria "mimado".

> O bebê separado e embrulhado, fica imóvel e de olhos fechados e acredita-se que esteja dormindo. Um estudo sobre ativação autonômica (MORGAN *et al.*, 2011) mostrou que em bebês separados o sono tranquilo foi reduzido em 86% e seu ciclo de sono foi quase abolido. Houve também padrões autonômicos específicos em bebês separados, que correspondem perfeitamente aos descritos como "respostas à ameaça" encontradas em crianças abusadas (PERRY *et al.*, 1995). O primeiro sinal de ameaça percebido resulta em vigília, em que o choro tem valor de sobrevivência, dado que a ameaça percebida está mais distante do que a mãe. Quando a ameaça percebida está mais perto do que a mãe, ou se a mãe não está respondendo, uma resposta de choro iria, entretanto, aumentar o perigo, consequentemente o resultado é um estado de congelamento (MISSLIN, 2003). Este "estado de congelamento" é produzido por intensa e total ativação autonômica, com profunda ativação de evitação no eletroencefalograma (JONES; MCFALL; DIEGO, 2004). Esses bebês ficam absolutamente imóveis, absolutamente quietos, com os olhos firmemente fechados. Acredita-se que isso seja sono! No entanto, é um estado de alta excitação, também chamado de "medo-terror" (PERRY *et al.*, 1995).

> Quando esse estado é prolongado, o cortisol pode iniciar alterações nocivas que podem afetar o indivíduo ao longo de sua vida.[14]

Devido a "uma considerável discrepância nas fases formativas precoces do indivíduo, entre suas necessidades biopsicológicas e o cuidado material e psicológico, e a afeição disponível em momentos relevantes",[15] esse bebê leva para a vida adulta uma sensação profunda, quase ancestral – porque instaurada em um nível psíquico subjacente à linguagem – de uma **falha**, "algo distorcido ou que está faltando", que resulta, afinal, da frustração do amor primário – o amor maternal.

Michael Balint formula sua teoria do *amor primário* em resposta a uma série de contradições que aponta na teoria freudiana do *narcisismo primário* e a certas limitações da técnica clássica de análise. Com base em sua observação clínica, ele identificou a existência de um nível psíquico a que chamou de "área da falha básica", na qual a força dinâmica que opera não corresponde ao complexo de Édipo, sendo mais elementar do que este. Enquanto na "área do complexo de Édipo" a estrutura que se apresenta é a de um *conflito*, que envolve três pessoas e pode ser expressado em *linguagem adulta*, a relação que se estabelece no âmbito da falha básica é "**exclusivamente bipessoal**", sendo que "apenas um dos parceiros interessa; seus desejos e necessidades são os únicos que contam e precisam ser atendidos; o outro parceiro, embora pareça ser muito poderoso, interessa apenas enquanto pode gratificar ou

---

14 BERGMAN, Nils J. "The neuroscience of birth: and the case for Zero Separation". *Curationis*, vol. 37, nº 2, 2014. Disponível em: http://dx.doi.org/10.4102/curationis.v37i2.1440. Acessado em: 13.03.2024 (tradução livre da autora).

15 BALINT, Michael. *A falha básica*. Porto Alegre: Artes Médicas Sul, 1993, p. 20.

decidir frustrar as necessidades e desejos do primeiro".[16] O autor sugere que a influência da falha básica provavelmente se estende "por toda a estrutura psicobiológica do indivíduo, envolvendo em diferentes graus tanto a mente quanto o corpo"[17] e que a interpretação psicanalítica baseada no complexo de Édipo não é suficiente para lidar com todos os sintomas e quadros clínicos originados desse nível psíquico "mais primitivo".

Diante do conflito apresentado no mito edipiano, poderíamos perguntar: se não tivesse sido abandonado pelos pais quando bebê, Édipo teria matado seu pai biológico na estrada para Tebas? Que tipo de medo e desprezo pela vida operam nessa figura paterna representada por Laio, a quem parece razoável matar o próprio filho recém-nascido para proteger a si mesmo de uma ameaça que virtualmente aconteceria décadas mais tarde? Que tipo de figura materna aceita participar de tal ato? Que tipo de estrutura de caráter humano é medrosa e insensível ao outro a esse ponto? Uma mãe, na posição de soberana, agiria da mesma forma? Nunca é demais lembrar que esse *Patriarca* foi antes um bebê indefeso e abandonado também.

Victoria Sau provoca: se Freud tivesse postulado o complexo de Cronos em lugar do de Édipo, a compreensão da psiquê humana teria tomado rumos muito distintos. Cronos ajudou sua mãe Gaia a destronar Urano, seu pai tirano. Mas ao ocupar o trono, Cronos passa a devorar seus filhos recém-nascidos com medo de que seu destino seja o mesmo de seu pai. Até que um dia, sua esposa Reia o engana, substituindo a um dos filhos por uma pedra, e com isso consegue resgatar a Zeus, quem irá de fato destronar o pai e libertar seus irmãos e irmãs de suas entranhas. O interessante nessa narrativa é o fato de que o pai simplesmente não é capaz de perceber a diferença entre seu filho e uma pedra.

---

16 BALINT, Michael. *A falha básica*. Porto Alegre: Artes Médicas Sul, 1993, p. 20.

17 BALINT, Michael. *A falha básica*. Porto Alegre: Artes Médicas Sul, 1993, p. 19.

É preciso indagar-nos sobre a natureza da relação de paternidade. Como pode estar tão normalizado ao longo da história e das mitologias fundantes de nossa cultura tamanha desconexão do pai em relação ao filho? Ao mesmo tempo, se a criança já nasce condenada à morte e ao abandono, uma vez que seu nascimento significa uma ameaça à autoridade paterna, como esperar outra coisa senão que desenvolva fantasias de poder e dominação? Cachafeiro e Rodrigáñez evocam a interpretação "mais sensata" de Eric Fromm, segundo a qual o crime que de fato origina toda a tragédia edipiana não é o assassinato do pai, mas, antes disso, o crime cometido por Jocasta ao consentir em perfurar e amarrar os pés de seu bebê e abandoná-lo à morte para salvar o marido da profecia do oráculo. Ou seja, segundo essa perspectiva, é "na violação do princípio maternal onde se encontra a origem e o cerne de quase todas as neuroses".[18] As formas de abandono da criança indefesa são inúmeras e vão se tornando cada vez mais sutis e especializadas ao longo dos séculos. O que elas guardam em comum é o caráter arbitrário, antifisiológico e moralizante que legisla sobre os corpos de mulheres e bebês, tornando compulsória a sua separação. Trata-se mesmo de uma **violação** de ambos em suas necessidades vitais mais básicas.

Na sociedade ocidental contemporânea esse processo começa com a produção e normalização do nascimento através de um parto extremamente violento e medicalizado, ou mesmo através de uma intervenção cirúrgica – que representa o imperativo de um total controle e objetificação do nascimento –, eliminando qualquer possibilidade de autonomia e prazer da mulher nesse processo e, mais ainda, minimizando sua capacidade fisiológica de produção do "coquetel de hormônios do amor", através da administração

---

18 FROMM *apud* BUSTOS, Casilda Rodrigáñez; VIÑAMBRES, Ana Cachafeiro. *La Represión del Deseo Materno y la Génesis del Estado de Sumisión Inconsciente*. 3ª ed. Murcia: Crimentales, S.L. 2007, p. 78 (tradução livre da autora).

rotineira da ocitocina sintética[19] no parto. Michel Odent postula a intrigante e urgente pergunta sobre qual será o futuro de uma humanidade em que quase a totalidade dos nascimentos se produz através de cesarianas ou com administração de ocitocina sintética.[20]

Esse coquetel hormonal, no qual estão imbuídos os corpos da mãe e do bebê na primeira hora após o nascimento, e que não se repetirá nunca em suas vidas, é o que permite que ambos se reconheçam mutuamente e estabeleçam o vínculo de amor profundo que os une: é o que chamamos de "a hora dourada". A separação de ambos nesse momento impede o estabelecimento desse vínculo de maneira irrecuperável no âmbito instintual e fisiológico. Ainda que para os seres humanos a maternagem seja principalmente um processo de aprendizagem, é importante compreendê-la como um fenômeno biopsicossocial em que os aspectos pulsionais e culturais são interdepenDes e se retroalimentam. Experimentos realizados com outros mamíferos demonstraram que, quando um filhote é separado de sua mãe ao nascer, ainda que por poucos minutos, ao ser devolvido, a mãe tende a não reconhecê-lo ou tornar-se inábil em sua criação.[21] Portanto, os protocolos hospitalares que exigem que o bebê seja examinado, ou banhado, ou que vá para um berçário, em vez de estar no colo da mãe imediatamente ao nascer, são mais um elemento do processo de destruição do amor biopsíquico e sua substituição por um "amor" abstrato, incorpóreo e asséptico, determinado mais por uma exigência moral do que pela pulsão vital.

19 Em entrevista a *El Pais* em junho de 2019, Bergman afirma que "mesmo um ano depois, as mulheres que recebem ocitocina sintética no parto têm 36% mais depressão psiquiátrica" (OLIVER, Diana. "Nils Bergman: 'Tras nacer, un bebé no necesita nada de sus padres, excepto a sus padres, su presencia'". *El País*, 04 jun. 2019. Disponível em: https://elpais.com/elpais/2019/06/03/mamas_papas/1559551086_801391.html. Acessado em: 13.03.2024).

20 O renascimento do parto. Direção: Eduardo Chauvet. Brasil, 2013. Documentário 1h30min.

21 MONTAGU, Ashley. *Tocar*: o significado humano de pele. 10ª ed. São Paulo: Summus Editorial, 1988.

Mas não apenas as sociedades ocidentais contemporâneas têm desenvolvido técnicas especializadas de separação entre mãe e bebê nos primeiros momentos da vida:

> A grande maioria das civilizações que a história e a antropologia puderam estudar introduziram dispositivos para impossibilitar ou limitar o consumo de colostro (...). Na maioria das culturas africanas, o colostro era associado ao pus ou veneno e, portanto, devia ser evitado. Isso foi relatado com precisão a respeito dos africanos de Serra Leoa e Lesoto (...). Também em Bemba, Zâmbia, é costume dar porções de cereais aos recém-nascidos (...). Em todo o continente asiático houve um consenso de considerar o colostro nocivo. Já dois séculos antes de Cristo, na Índia, a medicina ayurvédica recomendava mel e ghee nos quatro primeiros dias, enquanto o colostro era espremido e removido. No Afeganistão (...) era substituído por ervas amargas e grãos de hissopo. No Japão, era dado um elixir chamado Jumi (...) que variava de acordo com a casta (...). Na Coreia moderna (...) o início da amamentação começa no quarto dia (...) depois de três dias de alimentação com mamadeira. Nem os médicos nem as mães questionam essa prática que anda de mãos dadas com a separação de mães e bebês durante sua permanência no hospital (...). Em todos os locais de parto que visitei na China em 1977, o seio era negado ao recém-nascido até os três dias de idade (...). As atitudes negativas em relação ao colostro não perdoaram o continente americano (...). Os Sioux perturbavam ostensivamente o princípio da relação mãe-bebê e o consumo de colostro era incompatível com seus rituais (...). Da mesma forma as sociedades ocidentais (...). No século VI a.C. Procópio relatou os costumes dos povos nômades do norte da Suécia. O recém-nascido era pendurado em uma árvore enrolado em peles e alimentado com tutano. Nos tempos bíblicos, o colostro era extraído e descartado e a criança era purgada com mel para limpar o intestino (...). Os médicos gregos, os romanos e mais tarde os médicos da Europa Ocidental compartilhavam as mesmas crenças. No século II d.C. Seranus ensinava que as

> mães deveriam esperar três semanas antes de amamentar. Na Idade Média, água de rosas era um dos purgadores utilizados (...). Na Grã-Bretanha o bebê não deveria ser amamentado antes do batismo (...) se o bebê bebesse leite antes da cerimônia, o diabo poderia penetrar em seu corpo junto com o leite. Na Inglaterra de Tudor e Stuart (...) ela não podia amamentar antes de uma cerimônia religiosa de purificação e ação de graças.[22]

A citação de Odent referente ao colostro traz à tona a fase seguinte do processo de destruição da *sexualidade primária*, que é a condenação da amamentação. A sexualização do seio da mulher – no sentido coital e falocêntrico da noção de sexualidade – transformaram a amamentação num tipo de atentado ao pudor e condenaram sua expressão pública – o que, entre outras consequências, contribuiu com o aprisionamento materno na esfera privada. A indústria farmacêutica e a classe médica propagaram a ideia do "leite insuficiente", oferecendo em sua substituição "fórmulas infantis", que se apresentam como uma tecnologia de ponta, e, portanto, bastante cara, desenvolvida a partir do leite – roubado – da vaca e do bezerro e administrada através de acessórios de plástico e borracha que substituem o seio. Se as mulheres acreditaram, e acreditam ainda, numa história tão mal contada, é porque têm sido profundamente desconectadas de seu próprio biopsiquismo e fortemente pressionadas pelas pessoas que deveriam formar sua rede apoio. E uma das principais pressões nesse sentido vem justamente da exigência em "retomar a vida sexual" com o marido. Vemos aí mais uma vez que o "complexo de Cronos" se aplicaria melhor que o de Édipo, dado que é o homem adulto quem disputa o "território" e se sente ameaçado por um bebê recém-nascido.

---

22 ODENT, Michel. "Is Labor a Complication of Socialized Birth?" *Midwifery Today*, ed. 128, 2018 *apud* BUSTOS, Casilda Rodrigáñez; VIÑAMBRES, Ana Cachafeiro. *La Represión del Deseo Materno y la Génesis del Estado de Sumisión Inconsciente*. 3ª ed. Murcia: Crimentales, S.L. 2007, p. 254 (tradução livre da autora).

Depois desses três momentos cruciais, a manutenção da separação entre mãe e bebê se dilui e se desdobra em chupetas, berços e comentários inoportunos, até que a continuidade do disciplinamento da criança já não esteja mais a cargo apenas da mãe, mas também do pai, da escola, da igreja e da sociedade em geral.

CAPÍTULO II

A LEI PERTENCE AO PAI OU MÃE, NOS AJUDE A ESCAPAR DESSE PAI QUE NOS DEVORA

O arquétipo de *Pai* é a autoridade fálica que insurge, interrompe e separa o fluxo vital e amoroso da dupla mãe-bebê, decretando e impondo aí a sua *Lei*. O patriarca reivindica para si a mulher como objeto de satisfação sexual e o filho, essa figura ameaçadora, como coisa a ser moldada à sua imagem e semelhança, para que futuramente possa cumprir a função de herdeiro, servo ou soldado. A paternidade é uma construção histórica e social muito diferente da maternidade, sendo esta relativamente irrevogável e indiscutível, uma vez que a criança nasce de dentro da mãe. A forma mais elementar de controle e normatização da natalidade nas sociedades patriarcais tem sido através da normatização e do controle dos corpos de mulheres e crianças, à medida que entram em jogo disputas e conquistas territoriais. Diferentes sociedades organizaram diferentes modelos de família e sistemas de parentesco ao longo da história, sendo a família nuclear e a transmissão de DNA apenas uma das possibilidades. Entretanto, o imperativo civilizatório de manutenção e expansão patrimonial estabelece a questão da determinação do herdeiro, que transforma a paternidade num fator crucial para o Poder.

A unidade política sob o domínio geográfico-temporal de determinado patriarca e sua respectiva linhagem configura a *pátria*, ou seja, o Estado. Assim como o conjunto de suas propriedades e bens configura o *patrimônio*. O patriarca necessita dispor de uma prole obediente que **lute** na defesa das fronteiras da pátria e que **trabalhe** pela manutenção e ampliação do patrimônio.

> Aquele entre meus filhos
> que queira defender essa fronteira que eu criei,
> esse é meu filho, nasceu de mim
> (...)
> Mas aquele que queira abandoná-la, que não lute por ela,
> esse não é meu filho, não nasceu de mim.[23]

Essa inscrição, atribuída ao rei Sesostris III, evidencia que o fator determinante para o reconhecimento da paternidade é a obediência do filho e a manutenção do território conquistado. A inscrição é mais ou menos contemporânea ao famoso código de Hammurabi, a lei escrita mais antiga que se conhece, datada da segunda metade do século XVIII a.C., e que está gravado, "não por acaso", sobre um enorme falo de pedra de mais de dois metros de altura.

> De acordo com esse código, as mulheres já eram propriedade dos homens, e sua estratificação social era estabelecida com base na categoria de filhos que elas deveriam ter: dependendo de serem herdeiros, escravos ou suplentes, elas seriam esposas, escravas ou suplentes.
>
> O elemento das "suplentes" é uma prova magnífica da flexibilidade de pessoal e de liberalismo econômico para maior eficiência e desempenho do patrimônio familiar; porque, além disso, ao contrário do que aconteceu na sociedade judaica, o herdeiro não era automaticamente o primogênito, (...) mas o preferido pelo pai; desse modo, as mulheres eram encorajadas a educar suas crianças de acordo com os desejos

---

23 ASSMANN, Jan. "L'image du père dans l'ancienne Egypte". *In*: TELLENBACH, Hubertus *et al*. *L'image du père dans le mythe et l'histoire*. Paris: PUF, 1983, p. 26 *apud* BUSTOS, Casilda Rodrigáñez; VIÑAMBRES, Ana Cachafeiro. *La Represión del Deseo Materno y la Génesis del Estado de Sumisión Inconsciente*. 3ª ed. Murcia: Crimentales, S.L. 2007, p. 158 (tradução livre da autora).

> do patriarca e a continuidade patrimonial era assegurada em um momento em que o casamento não existia e o papel da esposa não era consolidado, de modo a garantir que a mãe reprimisse e educasse adequadamente seus filhos.[24]

Fica nítido o papel da mulher em educar os filhos e filhas de acordo com os propósitos patriarcais de guerra, propriedade e acumulação. Além disso, a necessidade de preparar um sucessor implica na questão da legitimidade do filho e, consequentemente, na exigência da monogamia por parte da mulher, no estabelecimento dos contratos matrimoniais e da família nuclear, na regulamentação da propriedade e legislação da herança. Portanto, desde os primórdios das civilizações do ocidentalismo, a noção de paternidade esteve vinculada à noção de uma **legislação escrita**, o que revela um duplo caráter: por um lado se estabelece a partir do princípio de autoridade que penaliza os desobedientes; por outro, é de ordem contratual e arbitrária, de forma que o reconhecimento ou não do filho por parte do pai, segundo sua própria conveniência, é um fator determinante.

Essa seletividade paternal dissemina o medo entre os filhos, através da ameaça de castigo aos inadequados e da promessa de recompensa àquele que apresentar o melhor desempenho, ou seja, o que for mais parecido com o *Pai*. Assim, os irmãos devem disputar entre si pelo escasso amor (ou herança, ou status, ou respeito, ou cargo, ou honra) paterno: instaura-se a competição e o fratricídio.

> Só é filho aquele que, em seus atos, "copia" a vontade paterna e se revela como o "retrato vivo" do pai... nessas concepções psicológicas estão as raízes da paternidade... Não será que o conceito "normal" de paternidade já contém o que poderia ser chamado de "componente adotivo", ou seja, que [a

---

24 BUSTOS, Casilda Rodrigáñez; VIÑAMBRES, Ana Cachafeiro. *La Represión del Deseo Materno y la Génesis del Estado de Sumisión Inconsciente*. 3ª ed. Murcia: Crimentales, S.L. 2007, p. 155 (tradução livre da autora).

> paternidade] deve ser contratada e pode ser contestada. Por esse motivo, todos os relacionamentos desse tipo em que um "segue" o outro, "o copia", deixa-se instruir e guiar e o toma como modelo, podem ser entendidos e qualificados de acordo com a constelação de pai-filho. Assim, todo soldado encarregado de guardar as fronteiras que sabe ler e decifrar as palavras de Sesostris III (...) pode acreditar que [Sesostris] se dirige a ele como a um filho.[25]

Esse *Pai* arquetípico é performado na vida real, para além da família propriamente dita, por todos os detentores de poder e tomadores de decisões, os fazedores da política, da religião, da guerra, da ciência e da justiça, sejam eles presidentes, deputados, senadores, papas, bispos, padres, pastores, generais, sargentos, coronéis, patrões, CEOs, latifundiários, policiais, juízes, médicos, etc. Nessa analogia, seus filhos e filhas são os cidadãos e cidadãs sob a tutela de um Estado. Se, por exemplo, escutarmos o hino nacional brasileiro, veremos que os termos do contrato estão explícitos: não devemos fugir à luta e nem temer a própria morte, se queremos ser filhos legítimos da "pátria amada Brasil", mal chamada "mãe gentil" na referida canção.

A ilusão democrática se fundamenta na ideia de que ao elegermos algumas dessas figuras de autoridade como nossos "representantes" estaríamos *voluntariamente* cedendo uma parte de nosso poder político individual àqueles que consideramos aptos a tomarem as melhores decisões na administração do que é público em nome do coletivo. Entretanto, os supostos interesses da *pátria* não correspondem aos interesses do conjunto – abstrato

---

25 ASSMANN, Jan. "L'image du père dans l'ancienne Egypte". *In*: TELLENBACH, Hubertus *et al*. *L'image du père dans le mythe et l'histoire*. Paris: PUF, 1983 *apud* BUSTOS, Casilda Rodrigáñez; VIÑAMBRES, Ana Cachafeiro. *La Represión del Deseo Materno y la Génesis del Estado de Sumisión Inconsciente*. 3ª ed. Murcia: Crimentales, S.L. 2007, p. 158 (tradução livre da autora).

– de cidadãos, sendo este atravessado pela dinâmica entre grupos com demandas conflitantes e diferentes níveis de "poder político individual", de "cidadania" ou mesmo de "humanidade" dentro da hierarquização patriarcal. Essa hierarquização determina quem são aqueles que **devem morrer**: filhos e filhas que o *Pai* **não reconhece** como legítimos, na medida em que se não se parecem o suficiente consigo ou com a imagem que faz de si mesmo. Sua simples existência representa uma ameaça à autoridade patriarcal, moldada à imagem e semelhança do *homem branco*: as populações negras, os povos indígenas, as comunidades LGBTQIA+ e tantos outros que somos, de fato, a imensa maioria das pessoas, expropriadas desde o nascimento de sua territorialidade, corporeidade, sexualidade e capacidade de autonomia, ou seja, das condições materiais básicas para a existência. A integração desses grupos homogeneíza os tecidos sociais na medida suficiente e necessária para manter um volume útil de miseráveis, pobres e "minorias" capazes de sustentar os anseios do mercado, o lado afagador desse pai-sistema, que tem na máquina estatal o seu lado punitivo. Ao mesmo tempo, o sacrifício exemplar desses filhos bastardos serve à seleção dessa homogeneização social, como fomento à competição e ao fratricídio, e fator motivador da percepção social desses grupos como o *outro*, diferente dos filhos pretensamente legítimos e "verdadeiramente" humanos. Os métodos do sacrifício mudam de roupagem com o passar dos séculos, mas têm estado sempre à serviço da manutenção e fortalecimento do poder patriarcal: a guerra, a fogueira, o manicômio, a tortura, o cárcere, o exílio, a escravidão, a miséria, o narcotráfico, a PM, a pandemia, os desastres ambientais... etc.

Do outro lado, existem os que se esforçam por comportar-se bem, que se autoproclamam "cidadãos de bem", que tentam a todo custo agir de acordo com a vontade do *Pai*, imitando-o pateticamente em seus gestos e acreditando que dessa forma serão merecedores de seu perdão e, portanto, poupados do sacrifício. Esses costumam exaltar o autoritarismo e a repressão, pois é a única maneira que conhecem para conceber a ideia de "ordem" (e de "progresso"), uma vez que o sujeito patriarcal há muito tempo já não é capaz de maturidade e autonomia: "a prepotência do Pai infantiliza perpetuamente o filho, que vive permanentemente como 'aspirante a' (...). Os homens são impotentes diante do Pai, já que não há Mãe para defendê-los", mas, diferentemente das mulheres, eles "desfrutam da oportunidade de se identificar com ele e serem agradáveis aos seus olhos".[26]

Ao usurpar o poder materno sobre os processos da vida (os quais abarcam também, em determinados momentos, a necessária sabedoria de decidir pela sua interrupção), o *Pai* estabelece seu poder a partir da ameaça generalizada de assassinato e tortura. Ele não é capaz de gerar a vida, mas pode escolher *quem* ele *permite* ou não que siga vivendo, e *de que forma*, impondo assim o seu poder sobre a vida. Ante sua violência impiedosa a *Mãe* encontra na submissão a única maneira de poupar sua prole. O poder patriarcal produz o medo, a falta e o medo da falta através da devastação para, em seguida, administrar isso. A onipresença do *Pai* se deve paradoxalmente à sua permanente ausência. Tal qual o vigia no centro do panóptico:[27] aquele a quem não vemos,

---

26 SAU, Victoria. *El vacío de la maternidad*: madre no hay más que ninguna. 2ª ed. Barcelona: Icaria, 2004, p. 59 (tradução livre da autora).

27 O panóptico foi concebido por Jeremy Bentham em 1785 como um modelo para uma penitenciária ideal: um edifício em forma de anel e dividido em celas onde ficam os prisioneiros, com um pátio central onde há uma torre na qual fica o vigia. Dessa posição privilegiada, o vigia consegue observar ao mesmo tempo todas as celas, enquanto os prisioneiros podem ver a torre, mas não o vigia dentro dela. Assim, mesmo que o vigia adormeça ou saia da torre, os prisioneiros continuarão a comportar-se adequadamente, pois sabem que podem estar sendo observados. Esse modelo poderia servir a diferentes tipos de instituições, como escolas, fábricas e hospitais, de maneira que em cada cela do panóptico poderíamos ter, segundo o objetivo da instituição, uma criança aprendendo a escrever, um operário a trabalhar, um paciente a se tratar, ou mesmo um prisioneiro. Foucault toma esse modelo para descrever as sociedades disciplinares e os dispositivos de vigilância social disseminados a partir do século XVIII.

mas de cuja ameaça de castigo não podemos nos esconder nem escapar. No âmbito das famílias, o abandono paterno é muitas vezes literal – no Brasil, por exemplo, mais de 40% dos lares não contam com um pai –, e outras vezes se trata daquela figura fria e apática, que não demonstra afeto, mas esbanja cobranças, exigências e agressões. Esse grande ausente deixa um buraco gigantesco a ser preenchido nos corações dos filhos e filhas da pátria, que carecemos profundamente de função-pai e nos tornamos, de diferentes maneiras, desejosos dessa autoridade que possa nos guiar, nos liderar, e eventualmente nos punir, demonstrando com isso que de alguma maneira nos *reconhece*. Isso tudo posto, podemos ver que a *necropolítica*, o *genocídio* e o *fascismo* são elementos estruturantes do patriarcado e estão em total consonância com esse sistema político. Já não se trata de nos surpreendermos com tais estratégias, mas sim entender sua raiz para então sabotar, desativar, implodir e obsolescer suas engrenagens.

Em 1933, diante da ascensão de Hitler, Wilhelm Reich apresentava a pergunta sobre como e por que um povo elege democraticamente um líder opressor e encontrava a resposta no *caráter estruturalmente fascista* das massas e, portanto, de cada indivíduo que a compõe. Trata-se de um ciclo vicioso: os sujeitos patriarcais projetam a si mesmos e se identificam com a figura autoritária do *führer*, encontram segurança em seu autoritarismo brutal, que é reproduzido nas famílias, que produzem novos sujeitos patriarcais, submissos à autoridade e desejosos de poder, ou seja, incapazes de liberdade.

> Somente quando a estrutura de personalidade do *führer* corresponde às estruturas de amplos grupos, um "führer" pode fazer história (...). Por isso, é errado tentar explicar o êxito de Hitler apenas com base na demagogia do nacional-socialismo, no "embotamento das massas", no seu "engodo" ou até com o conceito vago de "psicose nazi", como o fizeram os comunistas e, mais tarde, outros políticos. Pois o que interessa é compreender por que motivo as massas se mostraram receptivas ao engodo, ao embotamento ou

> a uma situação psicótica. Sem saber exatamente o que se passa nas massas, não é possível resolver o problema (...). Milhões de pessoas apoiaram a sua própria opressão, o que representa uma contradição que só pode ser explicada de um ponto de vista de psicologia de massas, e não de um ponto de vista político ou econômico.[28]

E mais adiante:

> O mecanismo que torna as massas humanas incapazes de liberdade é, como provou amplamente a economia sexual social, apoiando-se no tratamento clínico, a repressão social da sexualidade genital das crianças, adolescentes e adultos. Mas também essa repressão social não faz parte da ordem natural das coisas. Ela tem a sua origem no aparecimento do patriarcado e, portanto, pode em princípio ser eliminada. Ora, se a repressão social da sexualidade natural das massas pode ser eliminada, e se nessa repressão reside o mecanismo central da estrutura de caráter que condiciona a incapacidade de liberdade, então a conclusão lógica será que não se trata de uma situação desesperada. Nesse caso, a sociedade tem amplas possibilidades de eliminar toda a espécie de circunstâncias sociais a que chamamos "peste emocional".[29]

Nesse trabalho, Reich aponta a repressão da sexualidade natural, inclusive das crianças, como a principal causa da formação de uma *estrutura de caráter fascista*, apesar de não chegar à questão da repressão da *sexualidade materno-infantil*. Como um bom discípulo dissidente de Freud, reconhecia que o complexo de Édipo "não é tanto causa como, muito mais, consequência da repressão sexual exercida pela sociedade sobre a criança" e que

---

28 REICH, Wilhelm. *Psicologia de massas do fascismo*. 2ª ed. São Paulo: Martins Fontes, 1988, p. 49.

29 REICH, Wilhelm. *Psicologia de massas do fascismo*. 2ª ed. São Paulo: Martins Fontes, 1988, p. 174.

"os pais realizam, sem o saber, os desígnios da sociedade autoritária".[30] No entanto, ao postular que "a inibição sexual constitui o elo de ligação à família autoritária", se equivoca ao afirmar que "o vínculo biológico original da criança com a mãe e da mãe com a criança forma a barricada contra a realidade sexual e leva a uma fixação sexual indissolúvel e a uma incapacidade de estabelecer novas relações".[31] Seria mais coerente afirmar que é na **violação** desse vínculo que se estabelece a dita barricada e que uma eventual fixação pela figura materna se forma em substituição ao desejo reprimido. À luz dessa pequena e fundamental retificação, torna-se muito interessante a análise de Reich sobre a fixação de Hitler e do discurso patriótico da Alemanha nazista pela figura da mãe, ou seja, da ***mãe patriarcal***: "nunca esqueças que a pátria é a mãe da tua vida".[32] Ou ainda:

> a ideia do Dia das Mães presta-se a honrar o que a ideia alemã simboliza: a Mãe alemã! Em parte nenhuma a esposa e a mãe tem a importância que lhe é atribuída na nova Alemanha. Ela é guardiã da vida familiar, da qual brotam as forças que reconduzirão o nosso povo à supremacia. Ela – a Mãe alemã – é a única portadora do pensamento do povo alemão. A ideia de "Mãe" é inseparável da ideia de "ser alemão".[33]

É importante observar com atenção essa manobra discursiva que associa a *Mãe* à *pátria*, transformando-a em um símbolo da

---

30 REICH, Wilhelm. *Psicologia de massas do fascismo*. 2ª ed. São Paulo: Martins Fontes, 1988, p. 63.

31 REICH, Wilhelm. *Psicologia de massas do fascismo*. 2ª ed. São Paulo: Martins Fontes, 1988, p. 63.

32 De acordo com Reich, essas palavras foram escolhidas pelo nacional-socialista Goebbels como divisa dos dez mandamentos do almanaque nacional-socialista de 1932.

33 De acordo com Reich, o trecho citado foi publicado no Angriff no "Dia das Mães" em 1933.

supremacia, da guerra e do genocídio. Essa suposta hiper valorização e aparente fixação pela figura materna funciona como contrapeso para o fato de que as mães de carne e osso estão confinadas e sobrecarregadas pelo trabalho doméstico, submetidas a seus maridos e sem qualquer direito a uma verdadeira expressão política. Na absoluta impossibilidade de suplantar a *Mãe* por completo, o poder patriarcal a emudece e forja **um discurso a seu respeito**, que a responsabiliza pela adequada reprodução da estrutura hierárquica e atribui a isso um grande valor moral. Todo o conservadorismo e louvor à "família tradicional" estão na verdade a serviço da violação do princípio materno.

Também é digno de nota o otimismo de Reich, em plena ascensão nazista, ao dizer que não se tratava de uma situação desesperada. É difícil manter o mesmo otimismo quando, um século depois, vimos a metástase dessa "peste emocional" que nunca foi curada se manifestar no processo de ascensão fascista e neonazista que segue em curso no mundo atual, em assustadora semelhança àquele descrito por Reich. Tomando o exemplo tragicamente didático do caso brasileiro nas eleições de 2018 e 2022, poderíamos nos perguntar sobre o "caráter fascista das massas" e a formação da identidade do sujeito dentro das nossas famílias, que se viram divididas entre a representação do *Pai* benevolente e a do *Pai* autoritário e violento.

A presidência de Jair Bolsonaro e o *bolsonarismo* que a ela subsiste revelaram uma profunda identificação de uma grande parcela da população com os valores patriarcais de despojo da vida e mostraram as graves consequências desse tipo de política levada adiante sem maiores pudores. Temos aí um exemplo historicamente muito próximo e com impacto global da destrutividade da mentalidade patriarcal e seu jogo de espelhamento com o sujeito médio. Falemos apenas brevemente da figura de Bolsonaro como *Pai*: cada um de seus filhos é designado por um número e todos devem estar a serviço da vontade e dos interesses paternos; moldados à sua imagem e semelhança, aprendem a atirar desde os cinco anos de idade; a única filha é resultado de uma "fraquejada" e o filho homossexual é aquele que o pai prefere ver morto; apesar de defender seus herdeiros "acima de tudo", "na intimidade o pai até fala que vai matar o filho". Complexo de Cronos? Na relação paternal, onde deveria haver "amor", o que há são relações de poder e ameaça de assassinato, ao lado de um discurso público de exaltação da família.

O fato de, assim como os alemães de 1932, termos **eleito democraticamente** essa caricatura do patriarcado nos exige olhar para dentro de nós e procurar pelos traços da estrutura patriarcal que todos os dias desde o nosso nascimento e há 5000 anos nos vem moldando à imagem e semelhança de nossos opressores. Ao mesmo tempo é necessário reconhecer que é difícil escapar às garras de um sistema-mundo que opera desde o nível molecular e dispõe a seu favor de tecnologia de vigilância, inteligência de informação, sistemas religiosos, aparato militar e a própria ordem simbólica do discurso. Ninguém está imune e é preciso atentar para as armadilhas que nossa própria estrutura de moral nos prega, pois os métodos de combate que conhecemos também foram ensinados pela ordem patriarcal que dissemina a guerra e o fratricídio sobre os quais se fundamenta. De qualquer maneira, apenas a partir de um profundo conhecimento do veneno é que se pode fabricar o antídoto.

CAPÍTULO III

O MATRICÍDIO HISTÓRICO OU NÃO EXISTE AMOR SEM CORPO

Se a vontade do *Pai* é a lei e obedecer é uma questão de sobrevivência, a mãe fica reduzida à condição de serva ou, nas palavras de Sau, *mãe-função-do-pai*. Trata-se de uma impostora: o simulacro emudecido pelo qual a *Mãe* foi substituída. E a maternidade patriarcal é a única que efetivamente conhecemos nas sociedades ocidentais contemporâneas. É a maternidade patriarcal que louvamos ou criticamos quando discutimos maternidade. É a maternidade patriarcal que é exaltada nos discursos conservadores. É a maternidade patriarcal que aprisiona as mulheres.

A *mãe patriarcal* é, portanto, um veículo da vontade do *Pai*, uma facilitadora de seus propósitos e exigências, que cumpre impecavelmente – e sem nenhuma remuneração – as tarefas de cuidar, alimentar e educar, para depois entregar, resignada, esse filho ao Estado. Refletida na mulher humana comum, a *mãe patriarcal* é aquela que cala diante de um marido violento para manter a paz no lar, é a mulher que aceita o fardo e sofre sozinha, é a mulher que se vê obrigada a ensinar sua filha a também se calar e aceitar, pois essa é a estratégia de sobrevivência que ela conhece e dispõe. É a mãe que coloca os filhos, o marido, tudo em primeiro lugar, e ela por último. Sua função no mundo é preocupar-se pelos outros e abdicar de si mesma. É a mulher que abriu mão de sua vontade pessoal em nome dos sacrifícios da maternidade e educa os filhos segundo as exigências da sociedade, da religião, da moral e dos bons costumes, recebendo a culpa por tudo o que "sair errado" e repetindo sempre que, apesar de tudo isso, a maternidade é a maior benção de sua vida. É a mulher impedida de agir de acordo com seus próprios desejos e impulsos, é a mulher tornada inofensiva, dócil e útil. Nós a conhecemos, somos seus filhos e filhas. E enquanto filhos e filhas de uma mulher pela metade, somos órfãos sem saber.

Na cosmovisão cristã temos o exemplo evidente da construção desse arquétipo no fato de que, por um lado, a *Mãe* é retirada da Sagrada Trindade e substituída pela ideia difusa de um Espírito Santo e, por outro, se constrói a figura ilógica de uma mãe virgem – portanto assexuada e privada de seu próprio desejo –, que não tem escolha sobre engravidar ou não e menos ainda a respeito do sacrifício de seu filho. Tal modelo, tão inatingível quanto arraigado ao inconsciente coletivo, nos informa que a virtude materna reside precisamente na estranha resignação frente ao destino de conceber um filho previamente condenado à tortura e à morte pelas mãos do Estado.

> A *Mater dolorosa* não conhece nenhum corpo masculino, exceto o de seu filho morto, e seu único *pathos* (que se distingue nitidamente da serenidade doce e um tanto ausente das Madonas lactantes) vem das lágrimas que ela derrama sobre um cadáver.[34]

É interessante notar que o dogma da imaculada concepção não consta como tal no texto bíblico, mas foi sendo construído ao longo dos séculos a partir principalmente de fontes apócrifas e de concílios da Igreja, para de alguma forma acalmar os ânimos sociais, conforme demonstra Kristeva em *Stabat Mater.* O enaltecimento de Maria oferece um certo lugar de prestígio à maternidade, restituindo a divindade feminina na figura da mãe de Deus e rainha da Igreja, ao mesmo tempo em que exige dessa figura o

34 KRISTEVA, Julia; GOLDHAMMER, Arthur. "The Female Body in Western Culture: Semiotic Perspectives". *Duke University Press*, vol. 6, nº 1/2, 1985, p. 144 (tradução livre da autora, a partir da versão em inglês, traduzida por Arthur Goldhammer).

reconhecimento de sua subserviência ante o Deus masculino. A representação da maternidade virgem "incentiva a substituição do corpo sexual pelo ouvido da compreensão",[35] estabelecendo um ideal materno marcado por uma abnegação e assepsia que só podem ser alcançadas através de um "masoquismo exacerbado":

> [A] Única, a Mulher Única: única entre as mulheres, única entre as mães e, uma vez que ela não tem pecado, única também entre os humanos de ambos os sexos. Mas esse reconhecimento do desejo de singularidade é imediatamente refreado pelo postulado de que a singularidade só é alcançada por meio de um masoquismo exacerbado: uma mulher real digna do ideal feminino encarnado em perfeição inacessível pela Virgem não poderia ser outra coisa senão uma freira ou uma mártir; se casada, ela teria de levar uma vida que a libertaria de sua condição "terrena", confinando-a à esfera mais extrema da sublimação, alienada de seu próprio corpo.[36]

Antes disso, na narrativa bíblica, o mesmo Deus exigiu que Abraão sacrificasse seu filho Isaque como uma demonstração de sua fé e devoção e, quando o homem estava prestes a executar o gesto terrível, surge um anjo para lhe dizer que não precisa mais, que ele já provou sua obediência ao *Pai*. Obviamente, Sara, que desejou e esperou esse filho por tantos anos, não foi sequer consultada. Uma vez ouvi uma interpretação mais otimista dessas duas histórias bíblicas, que dizia justamente que o Cristo traz a "boa nova" da verdadeira fraternidade – "amai ao próximo como a ti mesmo" – e que seu sacrifício voluntário teria sido justamente em

---

35 KRISTEVA, Julia; GOLDHAMMER, Arthur. "The Female Body in Western Culture: Semiotic Perspectives". *Duke University Press*, vol. 6, nº 1/2, 1985, p. 148 (tradução livre da autora).

36 KRISTEVA, Julia; GOLDHAMMER, Arthur. "The Female Body in Western Culture: Semiotic Perspectives". *Duke University Press*, vol. 6, nº 1/2, 1985, p. 149 (tradução livre da autora, a partir da versão em inglês, traduzida por Arthur Goldhammer).

função de que já não fosse mais necessário sacrifício algum na face da Terra, sendo esse o sentido do perdão. Se assim for, os patriarcas da Igreja não entenderam ou, mais provavelmente, escondem essa mensagem a todo custo e seguem santificando o objeto de tortura e reproduzindo o "assassinato de Cristo" na repressão aos impulsos vitais – sexuais – dos fiéis.[37] Reich faz uma interpretação interessante da figura do Cristo ao defini-lo como a personificação da expressão da liberdade e do amor, uma figura cuja pulsão vital é tão potente e vibrante que as outras pessoas desejam estar na sua presença e se sentem curadas apenas ao tocar-lhe ou serem tocadas por ele. Reich também se refere, portanto, a um amor corporal, tátil e biopsiquicamente manifesto, em lugar de uma ideia abstrata, moral e asséptica de amor. Em sua interpretação, o "assassinato de Cristo" deveu-se ao fato de essa expressão livre e libidinosa ter se tornado insuportável em uma sociedade contaminada pela *peste emocional*, de modo que a simples existência desse ser humano capaz de amar livremente era um espelho sinistro que revelava aos demais a sua incapacidade de ser como ele, ao ponto de que as mesmas pessoas que "amaram" ao Cristo, que beberam de sua fonte de energia vital, o assassinaram. Com essa metáfora, o autor denuncia que a cada vez que os desejos e pulsões vitais são reprimidos, Cristo está sendo novamente assassinado. E eu acrescento, junto com Sau, Rodrigráñez e Cachafeiro, que esse assassinato é realizado segundo a vontade do *Pai* e em desprezo à vontade da *Mãe*.

É de fato impressionante a insistência com que se repete a cena mítica do sacrifício do filho em nome do *Pai*. Nas narrativas gregas ela se faz presente entre deuses e humanos, desde o surgimento do mundo, como já comentamos. Uma outra passagem digna de nota é quando Agamenon sacrifica sua filha Ifigênia para abrandar uma tempestade. Mais uma vez a mãe, Clitemnestra, não foi

---

37 REICH, Wilhelm. *O assassinato de Cristo*. 5ª ed. São Paulo: Martins Fontes, 1999.

consultada. Mas dessa vez ela se vinga, planejando e executando a morte do marido pela honra de sua filha, o que era um direito segundo a jurisdição da época. No entanto, sua filha Electra convence o irmão Orestes a matar a mãe de ambos pela honra do pai, o que gera um impasse. O homem a quem Clitemnestra matou pela honra da filha não era um familiar seu e ela não tinha um laço de sangue com ele. Já a mulher que Orestes matou pela honra do pai, era sua própria mãe! Na ocasião do julgamento de Orestes, o Deus Apolo – associado ao sol, à luz e à verdade – apresenta uma resolução para a questão:

> É fácil responder. Presta atenção.
> Não é a mãe que gera realmente
> Aquele filho que é chamado seu.
> Ela não passa de uma guardiã,
> De uma ama que cuida da semente
> Plantada em sua entranha pelo homem,
> Que é o verdadeiro gerador.
> Ela guarda a criança realmente
> Como alguém que guardasse uma plantinha
> Em crescimento para outra pessoa.
> Que um pai sem a mãe pode gerar
> Temos aqui presente, como prova,
> Palas, filha de Zeus, que nenhum ventre
> Guardou antes de vir à luz do mundo.[38]

Diante dessa argumentação aparentemente irrefutável, se manifesta Palas Atena, a Deusa asséptica associada à sabedoria, à justiça e, como não poderia deixar de ser, à guerra, que nasceu da

---

38 ÉSQUILO. *A trilogia de Orestes*. Rio de Janeiro: Ediouro Publicações, 1988, p. 149.

cabeça de Zeus aberta a machadadas depois deste haver engolido a Deusa Metis quando estava grávida. Ela proclama seu famoso "voto de Minerva":

> Cumpre agora encerrar o julgamento,
> Quando forem contados os votos,
> O meu será absolvendo Orestes.
> Não tive mãe alguma. O direito
> Paterno e a varonil supremacia
> Que prevalece em tudo, salvo apenas
> O direito que tenho de ser virgem,
> Levam meu coração à lealdade.
> Assim eu considero merecida
> A morte da mulher que o seu esposo
> Assassinou, e, sendo assim, Orestes
> Será absolvido, se os juízes
> Mortais seu voto ao meio dividirem.[39]

Orestes fica absolvido. Não cometeu crime algum, uma vez que a mãe não existe e não passa de uma incubadora para o desenvolvimento do bebê semeado pelo pai. Consequentemente, o matricídio também deixa de existir e constar na lista dos crimes mais hediondos da humanidade, a tal ponto que "nem Homero, nem Virgílio, nem Dante, nem nenhum dos videntes cristãos que desceram aos infernos, nos falam da tortura reservada aos matricidas",[40] como bem lembra Sau,[41] invocando a Paul Lafargue.

---

39 ÉSQUILO. *A trilogia de Orestes*. Rio de Janeiro: Ediouro Publicações, 1988, p. 153.

40 Tradução livre da autora.

41 SAU, Victoria. *El vacío de la maternidad*: madre no hay más que ninguna. 2ª ed. Barcelona: Icaria, 2004, p. 74.

De alguma maneira, a ideia descabida de que "o papai planta uma sementinha na barriga da mamãe" nos alcança até hoje. Sendo que, geneticamente falando, se poderia afirmar que o espermatozoide sim é um "mero receptáculo", um simples transportador de material genético, uma vez que todas as organelas responsáveis pelas funções metabólicas da futura célula-ovo pertencem antes ao óvulo. E o que é mais óbvio, o homem é responsável por metade do material genético e a mulher pela outra metade, não existe "semente humana" sem a participação dos dois gametas. Mas, se quisermos ir além, na era da fecundação *in vitro* seria relativamente mais simples prescindir do gameta masculino e fecundar um óvulo com material genético de qualquer outra célula, do que o contrário – o que representaria um avanço importante para os casais de lésbicas, pessoas trans, mães solo, ou pessoas com questões de fertilidade em geral. Já em 2001 a equipe da pesquisadora Orly Lacham-Kaplan, da Universidade Monash, na Austrália, havia conseguido fecundar óvulos de camundongos a partir de células comuns.[42] No entanto, e certamente não por acaso, a pesquisa não pôde avançar devido à falta de financiamento na época. Pouco tempo depois, em 2003, foi noticiado pelo *The Guardian* que uma equipe de cientistas em Israel esteve tentando produzir óvulos viáveis a partir do tecido ovariano de fetos abortados, sob a manchete: "Perspectiva de bebês de mães não nascidas".[43] Ao comentar a notícia, discutindo as complicações éticas envolvidas, Lisa Guenther[44] chama a atenção para a simples possibilidade de a frase "mães não nascidas" ser formulada e dotada de sentido no

---

42 JOSEFSON, Deborah. "Scientists fertilise mouse eggs without sperm". *National Library of Medicine*, 2001. Disponível em: https://www.ncbi.nlm.nih.gov/pmc/articles/PMC1120776/. Acessado em: 13.03.2024.

43 SAMPLE, Ian. "Prospect of babies from unborn mothers". *The Guardian*, 01 jul. 2003. Disponível em: https://www.theguardian.com/world/2003/jul/01/health.healthandwellbeing. Acessado em: 13.03.2024.

44 GUENTHER, Lisa. *The gift of the other*: Levinas and the politics of reproduction. Albany: State University of New York, 2006, p. 156.

mundo em que vivemos. O que demonstra, além de um profundo desprezo pela *personalidade* materna e por sua integridade como sujeito, uma mórbida aceitação de sua inexistência. Na atualidade, as pesquisas em torno da fabricação e desenvolvimento de embriões em laboratório avançam a toda velocidade. O antigo sonho humano do *útero artificial* – que remonta à distopia de *Admirável Mundo Novo*[45] – já vem se tornando realidade e, em 2017, cientistas do Hospital Infantil da Filadélfia apresentaram os resultados piloto de um sistema de "gestação" extracorpórea em que conseguiram desenvolver fetos prematuros de carneiros por um período de aproximadamente 4 semanas.[46] Segundo eles, teriam a capacidade técnica levar a "gestação" até o final, mas essa não era a intenção do experimento, que foi interrompido. Cientistas dos Países Baixos que vêm trabalhando em um outro modelo de útero artificial afirmaram, em 2019, que em 10 anos essa tecnologia já poderá estar disponível para bebês prematuros humanos.[47] Em 2022, cientistas do Instituto de Ciências Weizmann, em Israel, criaram embriões sintéticos de ratos a partir de células-tronco, a partir do momento em que conseguiram criar uma máquina para sustentar seu crescimento fora do corpo[48] e, posteriormente, fundaram uma empresa para explorar essa tecnologia inclusive na fabricação de embriões humanos sintéticos.

---

45 HUXLEY, Aldous. *Admirável mundo novo*. Lisboa: Editores Associados, 1932.

46 PARTRIDGE, Emily A. "An extra-uterine system to physiologically support the extreme premature lamb". *Nature Communications*, 25 abr. 2017. Disponível em: https://www.nature.com/articles/ncomms15112#Sec2. Acessado em: 13.03.2024.

47 BBC. *The world's first artificial womb for humans*. Disponível em: https://www.bbc.com/news/av/health-50056405. Acessado em: 13.03.2024.

48 TARAZI, Shadi. "Post-gastrulation synthetic embryos generated ex útero from mouse naive ESCs". *Pub Med*, 2022. Disponível em: https://pubmed.ncbi.nlm.nih.gov/35988542/. Acessado em: 13.03.2024.

A extrema artificialização do processo reprodutivo que vemos em curso coincide com o interesse último do patriarcado na **eliminação da mãe** em função de um domínio absoluto sobre a natalidade humana. Por mais que as novas tecnologias sejam apresentadas como promessas de possibilitar a gestação a pessoas que de outra forma não poderiam engravidar, de salvar vidas de bebês prematuros, evitar doenças ou até mesmo de **libertar as mulheres** das "mazelas" do ciclo gravídico-puerperal – lembremos, por exemplo, dos eletrodomésticos que em seu momento foram vendidos como promessa de emancipação para as donas de casa –, elas corroboram ainda mais com o despojo da autonomia materna, além de obviamente representarem mercados altamente lucrativos para o neoliberalismo e trazerem consigo questões éticas extremamente delicadas e complexas.[49] É preciso interpretar essa realidade de maneira crítica. Afinal, o argumento sobre salvar vidas é o mesmo que sempre foi usado para justificar a injustificável epidemia mundial de cesarianas desnecessárias. As vidas a serem salvas são as de "nascituros" cada vez mais prematuros e mais próximos da "semente produzida pelo homem", enquanto a "mãe", que deveria apenas incubá-la, vai se tornando cada vez mais dispensável, podendo até mesmo nunca ter nascido ou ser substituída por uma máquina, que realizaria sua função com mais "eficiência". As "mazelas" do ciclo gravídico-puerperal, produzidas em sua maioria pelo tratamento violento, patologizante e objetificante que se dá a esses processos, são *naturalizadas* a tal ponto, que a solução oferecida é retirar o corpo das "mazelas" em vez de o contrário.

Assim, a manobra discursiva que estabelece o *matricídio histórico* pela afirmação da inexistência da mãe – *fagocitada* e assassinada na narrativa mitológica – segue seu curso e ganha realidade material. O argumento então delirante que ocasionou a

---

49 MANTERO, Luciana. "Etiquetado frontal para lxs bebés del futuro". *Antifibia*. Disponível em: https://www.revistaanfibia.com/etiquetado-frontal-para-lxs-bebes-del-futuro/. Acessado em: 13.03.2024.

absolvição de Orestes se instala no inconsciente coletivo ao ponto de tornar-se profecia autorrealizada milênios depois. A pergunta que persiste ante esse estado de coisas é: como seria a maternidade se, ao contrário do que acontece, a estrutura social se organizasse para assegurar as *condições ótimas* para a vivência da gestação, parto e puerpério? Sabemos que condições seriam essas? Conhecemos as características ambientais de um *tekoha* em que a mãe possa vir a "ser quem verdadeiramente é"? O que aconteceria se tirássemos da equação todos os problemas já mapeados da falta de apoio, do isolamento, da culpabilização social, etc.? Somos capazes sequer de imaginar uma maternidade plena e potente? Caberia perguntar que tipo de subjetividade específica emergiria da experiência transcendente da gestação, do parto e da relação amorosa com a criança, se não houvesse aí nenhum tipo de violação? O que isso mudaria na experiência de todas as pessoas, na posição de filhas? O que sabemos, afinal, sobre o *sujeito materno* sem suas amarras?

Ainda invocando as narrativas gregas, Sau sugere a história de Deméter – Deusa associada à fertilidade da terra e às colheitas – como "a última vez que a Mãe falou". Pois ao recusar o sequestro e o estupro de sua filha pelo próprio tio como "o destino natural das filhas" de casar e ter filhos, ela afirma que, enquanto não a tiver consigo novamente, não haverá mais colheitas na face da terra. Sua palavra se faz ato e um inverno e uma seca sem fim se alastram sobre o planeta. A humanidade morreria de fome se sua filha não lhe fosse devolvida e a terra voltasse a esquentar e a florescer novamente, dando origem à primavera. Até hoje vivemos as consequências da palavra-ato de Deméter na forma das estações do ano. O importante aqui é compreender que, quando falamos em restituir à *Mãe* o seu lugar como *sujeito*, nos referimos a que sua vontade seja feita ato, assim na terra como no céu, em qualquer assunto referente à sua função reprodutiva.

CAPÍTULO IV

“PARIRÁS COM DOR” OU TODA PLETORA SERÁ CASTIGADA

A mentira que foi e nos tem sido contada mil vezes até que se torne verdade é a de que a maternidade deve doer. Seja porque o parto deve ser doloroso, seja porque as mães devem "padecer no paraíso". O que realmente dói é o efeito do controle patriarcal sobre os corpos femininos, e isso não é figura de linguagem. Já dissemos que os hormônios sexuais atuam no momento do parto e que sua presença no organismo é inversamente proporcional à presença dos hormônios de estresse. Acontece que, por exemplo, o útero possui fibras musculares longitudinais e fibras musculares transversais circulares, as primeiras em maior quantidade no corpo do órgão enquanto as últimas se concentram na região cervical. As fibras longitudinais se ativam pela ocitocina, gerando as contrações que empurram o bebê para fora do corpo materno durante o parto ou a expulsão do endométrio durante a menstruação, ao passo que as circulares se ativam pelo cortisol e adrenalina e sua função é interromper o trabalho de parto em alguma situação de perigo, como parte da resposta fisiológica ao estresse, que permitiria à fêmea fugir para um lugar seguro onde possa tranquilamente retomar seu processo de parto. O problema é que a maior parte das mulheres hoje dia está submetida a altos estímulos de estresse durante o parto, devido à falta de intimidade e frieza do ambiente hospitalar, aos maus-tratos que costumam sofrer nesse momento, às intervenções médicas desnecessárias que se desdobram em cascata iatrogênica e ao medo do parto lhes foi inculcado durante toda a vida e que, diante do cenário de terror que costuma ser o parto considerado "normal", tem sua razão de ser. Portanto, aquilo que se interpreta como contrações normais e *eficazes* durante o parto é o resultado de um útero tenso e contraído trabalhando contra si mesmo: as fibras longitudinais precisam abrir à força as fibras circulares que estão fechadas em resposta ao estresse. E isso dói.

> Frederick Leboyer disse que o que até agora era conhecido como contrações uterinas adequadas são, na realidade, câimbras, contrações altamente patológicas, pois o útero deveria se distender suavemente, com um movimento rítmico e ondulante ao longo de seus feixes de fibras musculares, de cima para baixo, e tão suave e devagar como a respiração de um animal dormindo tranquilamente (...).
>
> O obstetra inglês Grantley D. Read (1933) (...) realizou um estudo (...) que confirmou que **a dor forma um sistema de defesa** destinado a nos alertar de alguma agressão ou disfunção de algum órgão ou sistema (...). Read assegura que um corte com o bisturi no útero não causa dor, e que, por outro lado, dói muito tudo o que seja a disfunção da distensão muscular, que teria que se evitar em um parto fisiológico e normal. Esse estudo, juntamente com sua convicção de que não existe processo fisiológico que, em condições normais de saúde, cause dor, foi confirmando suas primeiras suspeitas. Ele também realizou um estudo com aborígenes africanas, observando que, de fato, o parto natural não causa dor. Em sua tese de doutorado, Claudio Becerro de Bengoa, do hospital Gregorio Marañon, de Madrid, afirma que "o dogma do parto doloroso, perigoso e penoso, como tem surgido no transcorrer de nosso desenvolvimento cultural, cria um medo de expectativa responsável pelas dores e por muitas das complicações que surgem daí" (...).
>
> O ensaísta francês do século XVI, Montaigne, afirmou que havia povos inteiros que não tinham conhecimento da dor do parto. Da mesma forma, Bartolomé de las Casas dizia que o parto das indígenas do Caribe, que ele tinha visto, ocorria sem dor. George Groddeck, no século passado, foi mais longe ao garantir que "as terríveis dores do parto escondem quantidade de prazer", combinando com o anatomista francês Ambroise Paré (1575) que, em seu tratado

> de anatomia, dizia que "A ação e a utilidade da matriz é conceber e gerar com um prazer extremos".[50]

Em *Pariremos com Prazer*,[51] Rodrigáñez desenvolve a fundo esse assunto. Ela apresenta evidências de uma estreita relação entre a excitação sexual, e particularmente o momento do orgasmo, com as pulsações uterinas, já observadas e descritas em diversos momentos da história da ciência médica, mas que não tiveram suficiente atenção científica e, ainda hoje, permanecem amplamente desconhecidas. Por exemplo:

> Em 1966, alguns anos depois da publicação da obra de Read, William Masters e Virginia Johnson publicaram seu *A Resposta Sexual Humana*, no qual falam do movimento do útero que ocorre em todos os orgasmos femininos. Os autores desenharam em uma lâmina o movimento do útero durante o orgasmo, e, em outras, a sequência de tal movimento registrado com eletrodos intrauterinos: uma sucessão de contrações-distensões, um movimento rítmico... que é o mesmo movimento muscular que o útero tem que realizar durante o trabalho de parto. O assustador é que a obstetrícia e as mulheres e o mundo, em geral, com algumas poucas exceções, como a dos sexólogos espanhóis Juan Merelo Barberá e Ramón Serrano Vicens, continuam sem relacionar o trabalho de parto com o orgasmo, como se o parto com dor fosse consubstancial à condição da fêmea humana.[52]

As dolorosas contrações do parto, e mesmo das cólicas menstruais – hoje equiparadas à dor de um infarto – não deveriam

---

50 RODRIGÁÑEZ, Casilda. *A Matrística aqui e agora*. 1ª ed. Belo Horizonte: Luas, 2020, p. 23 (grifo no original).

51 RODRIGÁÑEZ, Casilda. *Pariremos com prazer*. 1ª ed. Belo Horizonte: Luas, 2020.

52 RODRIGÁÑEZ, Casilda. *Pariremos com prazer*. 1ª ed. Belo Horizonte: Luas, 2020, p. 29.

ser interpretadas como a fisiologia *natural* das mulheres. A dor é sempre um indício corporal, um sintoma de que algo não está bem e precisa de atenção e cuidado. Aceitamos a naturalização da dor apenas se aceitarmos a ideia mística de algum tipo de castigo ou maldição sobre as mulheres. Existe alguma situação em que a dor no corpo masculino é tomada como "natural"? Se temos sido capazes de desconstruir o próprio gênero feminino, entendendo que se trata de uma construção social, o que falta para que possamos compreender também a dor que nos é imposta como uma construção social e não uma obra de Deus ou da natureza? O útero deveria pulsar de prazer em vez de se contrair de dor. A dor apenas evidencia que estamos permanentemente submetidas a doses cavalares de estresse e que isso gera uma resposta fisiológica.

A expressão *violência obstétrica* nomeia o conjunto de práticas que envolvem o parto patriarcal, por assim dizer, contribuindo dessa forma para fazê-las visíveis e para que as pessoas possam tornar-se conscientes de que o que se chama de "normal" hoje em dia é um parto profundamente violento. De fato, é ainda difícil obter dados consistentes sobre violência obstétrica justamente porque as mulheres frequentemente não se dão conta de que foram vítimas e os profissionais médicos obviamente negam que tenham sido agentes de qualquer violência. Em 2010, uma pesquisa de opinião pública realizada pela Fundação Perseu Abramo[53] apontou que 1 em cada 4 brasileiras reconhecia ter sido vítima de violência obstétrica. Em 2012, a publicação da Pesquisa Nacional Nascer no Brasil[54] estabeleceu um marco nesse debate, ao apresentar um amplo panorama da atenção obstétrica no país, revelando uma realidade de "excessiva

53 SESC; FUNDAÇÃO PERSEU ABRAMO. *Mulheres brasileiras e gênero nos espaços público e privado*. Disponível em: https://apublica.org/wp-content/uploads/2013/03/www.fpa_.org_.br_sites_default_files_pesquisaintegra.pdf. Acessado em: 13.03.2024.

54 NASCER NO BRASIL. *Inquérito nacional sobre parto e nascimento* (2011 a 2012). Disponível em: https://nascernobrasil.ensp.fiocruz.br/?us_portfolio=nascer-no-brasil. Acessado em: 13.03.2024.

medicalização do parto" e "qualidade precária de atendimento", com a prevalência de práticas iatrogênicas, intervenções inadequadas e taxas alarmantes de cesarianas, que muitas vezes resultam em "desfechos maternos e neonatais adversos e potencialmente evitáveis",[55] com piores indicadores para mulheres pretas e pardas.[56] Mais recentemente fala-se de uma variação entre 18,3% e 44,3% de incidência de casos de violência obstétrica,[57] mas faltam mais estudos epidemiológicos nacionais a respeito. Não temos ainda uma lei que regulamente isso e, no Brasil bolsonarista de 2019, o Ministério da Saúde emitiu – no mês das mães – um despacho[58] falando da "impropriedade da expressão 'violência obstétrica' no atendimento à mulher, pois acredita-se que, tanto o profissional de saúde quanto os de outras áreas, **não tem a intencionalidade** de prejudicar ou causar dano" e que o "posicionamento oficial do Ministério da Saúde é que o termo 'violência obstétrica' tem conotação inadequada, não agrega valor e prejudica a busca do cuidado humanizado no *continuum* gestação-parto-puerpério".

---

55 NASCER NO BRASIL. *Reproductive Health 2016; 13 (Supplement 3). Childbirth in Brazil.* Disponível em: https://nascernobrasil.ensp.fiocruz.br/wp-content/uploads/2019/12/sumario_executivo_nascer_no_brasil-novos_resultados.pdf. Acessado em: 13.03.2024.

56 LEAL, Maria do Carmo *et al.* "A cor da dor: iniquidades raciais na atenção pré-natal e ao parto no Brasil". *Cadernos de Saúde Pública*, 2017. Disponível em: https://www.arca.fiocruz.br/bitstream/handle/icict/27811/A%20cor%20da%20dor-%20iniquidades%20raciais%20na%20aten%c3%a7%c3%a3o%20pr%c3%a9-natal%20e%20ao%20parto%20no%20Brasil.pdf?sequence=2&isAllowed=y. Acessado em: 13.03.2024.

57 HENRIQUES, Tatiana. "Violência obstétrica: um desafio para saúde pública no Brasil". *Página Grená*, Rio de Janeiro, fev. 2021. Disponível em: https://www.ims.uerj.br/wp-content/uploads/2021/02/violencia-obstetrica_tatiana_henriques_pagina_grena_fev2021.pdf. Acessado em: 13.03.2024.

58 FEBRASGO. "Posicionamento oficial do Ministério da Saúde sobre o termo 'violência obstétrica'". *Febrasgo*, 08 mai. 2019. Disponível em: https://www.febrasgo.org.br/pt/noticias/item/797-posicionamento-oficial-do-ministerio-da-saude-sobre-o-termo-violencia-obstetrica. Acessado em: 13.03.2024.

Em seguida, o Conselho Federal de Medicina emitiu uma nota[59] à imprensa e à população se posicionando a favor do despacho e afirmando que:

> 4) O uso dessa expressão agride a comunidade médica, de modo mais direto ginecologistas e obstetras, em sua imensa maioria comprometidos com o bom atendimento e com o respeito às suas pacientes, e que, por conta de uma percepção equivocada de alguns segmentos, têm tido sua participação diminuída e questionada no processo assistencial;
>
> 5) A adoção desse termo conturba a relação médico-paciente; quebra o princípio da harmonia nas equipes multiprofissionais; não promove qualquer mudança significativa no quadro de desproteção às gestantes; e transfere de modo inconsequente sobre os médicos a responsabilidade por todas as mazelas da saúde (pública ou privada), como se fossem culpados pelos graves indicadores de mortalidade e de morbidade maternos e infantis.[60]

Depois da pressão das mulheres e de profissionais militantes pela causa do parto e da publicação de uma recomendação[61] feita pelo Ministério Público Federal, que menciona um inquérito civil de 1952 páginas com as denúncias de violência obstétrica, cerca de um mês depois do despacho o Ministério da Saúde emitiu um novo documento afirmando que

59 CONSELHO FEDERAL DE MEDICINA. *Nota à imprensa e à população*. 2019. Disponível em: https://portal.cfm.org.br/images/PDF/nota-violencia-obstetrica.pdf?fbclid=IwAR0KJt-_0WFJKGeBG04eN_8xHk1FsCK-vK6XNBdjQ5nnQANFoCwcDMt3mh24. Acessado em: 13.03.2024.

60 CONSELHO FEDERAL DE MEDICINA. *Nota à imprensa e à população*. 2019. Disponível em: https://portal.cfm.org.br/images/PDF/nota-violencia-obstetrica.pdf?fbclid=IwAR0KJt-_0WFJKGeBG04eN_8xHk1FsCK-vK6XNBdjQ5nnQANFoCwcDMt3mh24. Acessado em: 13.03.2024.

61 Disponível em: https://www.mpf.mp.br/sp/sala-de-imprensa/docs/recomendacao_ms_violencia_obstetrica.pdf/. Acessado em: 24.07.2024.

> reconhece o direito legítimo das mulheres em usar o termo que melhor represente suas experiências vivenciadas em situações de atenção ao parto e nascimento que configurem maus-tratos, desrespeito, abusos e uso de práticas não baseadas em evidências científicas, assim como demonstrado nos estudos científicos e produções acadêmicas que versam sobre o tema.

Essa breve anedota jurídica é um exemplo nítido do quanto o poder patriarcal quer que o parto continue sendo doloroso. Mais do que o posicionamento contra as mulheres de um Ministério da Saúde de um governo altamente conservador, o que chama a atenção é a absoluta falta de discrição do Conselho de Medicina, ao demonstrar abertamente a intenção de manter para si a tutela do parto e o pleno direito de seguir perpetrando a violência contra as parturientes, imunes a qualquer possibilidade de acusação. Qualquer pessoa ou classe profissional que se importasse com o bem-estar das mulheres deveria ser a primeira a denunciar quaisquer práticas de violência. Essa atitude dos médicos evidencia também a vontade patriarcal de "manter o controle". Tanto no sentido de que o parto continue sendo atendido pelos médicos, quanto no sentido de que durante o parto o médico possa ter o total controle da situação. Essa é uma característica importante das práticas violentas do parto: elas acontecem em função de conter e controlar, seja pela proibição do grito, do gemido, dos movimentos da mulher, seja pela artificialização do processo numa tentativa de torná-lo previsível, comedido, rápido, asséptico. Um parto sem aquilo que define um parto: a vida eclodindo pletórica, espontânea, transbordante, exuberante e incontrolável.

A medicina ocidental contém uma contradição inerente. Para que ela possa ser eficiente na maneira como se propõe a tratar a doença, ela precisa transformar uma pessoa em seu *objeto* de conhecimento e, portanto, espera que esse objeto se comporte de acordo com os conhecimentos médicos acumulados a seu respeito. Por isso, o sujeito que espera ser tratado pela medicina ocidental precisa colocar-se na condição *passiva*, precisa ser *paciente* e, para que o tratamento funcione, precisa fazer tudo o que o médico mandar. Isso é absolutamente impossível com uma mulher em trabalho de parto, se tudo estiver correndo bem. Durante o parto ocorre um desligamento do neocórtex, que é a camada mais externa do cérebro, responsável pela esplendorosa razão humana, que de nada serve nesse momento. A mulher se conecta a seu cérebro mais instintivo, tal qual qualquer outro mamífero, e essa conexão é o que permite que ela saiba exatamente como agir, como se mover, que sons fazer durante o parto. E nenhum desses gestos vai se parecer com a maneira como um médico gostaria que ela se comportasse. É completamente descabido, na verdade, sequer imaginar que o parto de uma mulher saudável possa ser um evento médico. Os esforços de higienização e mecanização do nascimento exemplificam perfeitamente o medo que os sujeitos patriarcais temos da intensidade da vida e a maneira como temos tentado, obviamente sem conseguir, torná-la previsível e inócua.

Em *A Mulher no Corpo*, Emily Martin discute como o tratamento médico dado ao parto se desenvolve a partir da metáfora do corpo como máquina, "que teve início nos hospitais franceses século XVII e XVIII, em que se dizia que era como se o ventre e o útero 'formassem uma bomba mecânica que, em situações específicas, era mais ou menos adequada para a expulsão do feto'".[62] Essa perspectiva inicialmente coloca o médico na posição de uma espécie de "mecânico" que, com suas "ferramentas", como o fórceps por exemplo, deveria consertar as falhas de funcionamento. A autora amplia o escopo da metáfora para o modo de produção fabril, que envolve relações de poder ainda mais complexas, que colocariam o médico na posição do supervisor, ou mesmo do dono da fábrica, enquanto a mulher seria "uma 'trabalhadora',

62 MARTIN, Emily. *A mulher no corpo*: uma análise cultural da reprodução. Rio de Janeiro: Garamond, 2006, p. 105.

cuja máquina (o útero) produz o 'produto', bebês".[63] Nos manuais de obstetrícia o "trabalho" de parto é subdividido em estágios que devem apresentar o progresso esperado durante um intervalo predeterminado de tempo ou sofrer intervenção, para assegurar a eficácia da produção. Efetivamente, a linguagem médica fala em termos de "contrações eficientes ou ineficientes", "bom ou mau progresso" ou "eficiência geral da máquina".[64] É fácil notar como essa construção discursiva e prática de séculos despersonaliza a mãe, compreendida como apenas um meio e às vezes até mesmo um entrave para se alcançar os melhores "resultados", justificando com isso o aumento progressivo e inconsequente da intervenção tecnológica no nascimento. Ao discutir o fato de que "os médicos criaram o ponto de vista de que o parto por cesariana implica bebês perfeitos" e de que essa cirurgia "é considerada o processo que fornece os melhores produtos", Martin afirma que:

> Essa convicção de que cesarianas podem produzir bebês de melhor qualidade pode estar, em parte, relacionada à noção de que mesmo partos normais são intrinsecamente traumáticos para o bebê. Desde a antiga descrição feita por um ginecologista do século XIX do útero como míssil mortal, passando por descrições posteriores (1920) do trabalho de parto, que diziam ser como se a mãe caísse diretamente num forcado ou como se a cabeça do bebê ficasse presa no batente da porta, até os esforços dos obstetras contemporâneos para aliviar a experiência terrível do nascimento para o bebê com o uso de luzes fracas e banho morno depois do parto, **foi construído para o médico o papel de se aliar ao bebê contra a destruição em potencial causada pelo corpo da mãe.** Usando as palavras de Rothman, **"mãe e feto são**

---

63 MARTIN, Emily. *A mulher no corpo*: uma análise cultural da reprodução. Rio de Janeiro: Garamond, 2006, p. 109.

64 MARTIN, Emily. *A mulher no corpo*: uma análise cultural da reprodução. Rio de Janeiro: Garamond, 2006, p. 111.

vistos pelo modelo médico como uma díade conflitante, e não como uma unidade integral".[65]

Ou seja, o modelo médico se constitui não apenas na ignorância, mas em oposição radical ao reconhecimento do binômio mãe-bebê como um estado *simbiótico* com valor de sobrevivência para o recém-nascido, conforme apresentado neste ensaio. Mais distante ainda ficam o reconhecimento da sexualidade no ciclo gravídico-puerperal e a sutileza de que se trata de um tipo muito particular de sexualidade, orientada pela *ternura*. Além de uma questão básica de dignidade humana, um ambiente acolhedor e um tratamento gentil são fatores cruciais para uma experiência positiva de gestação, parto e lactância. O ambiente do parto exige no mínimo o mesmo nível de privacidade e *intimidade* que o ato sexual, para que os mesmos hormônios, de prazer e relaxamento, possam ser liberados. Odent propõe, inclusive, a hipótese de que a socialização do parto em si mesma seja um fator fundamental para um parto laborioso e longo nos seres humanos, devido à constante estimulação neocortical, que inibe o *reflexo de ejeção do feto*,[66] que se trata do nascimento produzido em um curto intervalo de tempo, por movimentos involuntários do corpo materno. Ele descreve o ambiente ideal para o parto acontecer: "uma pequena sala escura, a uma temperatura ambiente confortável, sem ninguém por perto, à exceção de uma figura materna discreta e silenciosa sentada em um canto".[67] A função dessa presença discreta de uma figura *materna* – a parteira ou uma mulher próxima com mais experiência no assunto – é de *proteção*. O elemento fundamental para a fluidez de um parto é a certeza da *segurança*. Que pessoa

---

65 MARTIN, Emily. *A mulher no corpo*: uma análise cultural da reprodução. Rio de Janeiro: Garamond, 2006, p. 119 (grifos nossos).

66 ODENT, Michel. "Is Labor a Complication of Socialized Birth?" *Midwifery Today*, ed. 128, 2018 (tradução livre da autora).

67 ODENT, Michel. "Is Labor a Complication of Socialized Birth?" *Midwifery Today*, ed. 128, 2018 (tradução livre da autora).

é capaz de se sentir segura para parir em um contexto social em que tudo indica que tornar-se mãe é uma experiência perigosa e dolorosa? Exposta à luz fluorescente, ao frio e aos olhares de desconhecidos? Sofrendo agressões verbais, sendo perfurada e cortada? A pergunta que a ciência médica parece não querer formular é sobre como promover uma experiência digna e, por que não, *agradável* de gestação, parto e nascimento.

CAPÍTULO V

A FAMÍLIA TRADICIONAL AUTORITÁRIA OU A PRISÃO É TRIANGULAR

O único par sexual permitido pela lei do *Pai* é justamente aquele formado por um pai e uma mãe patriarcal. O bebê, fruto dessa "sagrada" união, sublima seu desejo reprimido pelo corpo materno no reconhecimento disso. A *sexualidade primária* desaparece e o amor, definido pela lei, adota um caráter moral, abstrato e incorpóreo. Além da estratégia de submeter-se para sobreviver, o bebê aprende também que é **sua obrigação** amar, acima de tudo, a seus opressores. Dessa relação primeira de submissão-opressão que é mediada pela lei e chamada de "amor" derivam as futuras relações de "amor" desse indivíduo que se forma como o vértice inferior de um triângulo invertido. Dessa forma, a criança se desenvolve e cresce em um estado de privação, à mercê da vontade dos pais e sem direito à voz, nem expressão, nem sexualidade próprias. A única maneira de tornar-se um sujeito social com algum poder de ação será quando, por sua vez, ocupar finalmente o lugar de pai ou mãe patriarcal nos vértices superiores do triângulo, podendo então exercer e impor a própria vontade sobre seu filho ou filha, mantendo a perpetuidade desse ciclo vicioso. "Apenas os filhos da puta podem ficar fora" desse esquema social.[68]

Em tal estado de privação e silenciamento, a invenção da propriedade privada vem a oferecer a tábua de salvação que permite a sobrevivência do "eu" desse sistema de identidade patriarcal.

---

68 BUSTOS, Casilda Rodrigáñez; VIÑAMBRES, Ana Cachafeiro. *La Represión del Deseo Materno y la Génesis del Estado de Sumisión Inconsciente*. 3ª ed. Murcia: Crimentales, S.L. 2007, p. 88.

A propriedade estabelece os limites de sua liberdade de ação em um cenário de escassez generalizada. Talvez por isso, para esse sujeito, a propriedade privada possa parecer um direito tão natural quanto o ar que respira, pois apenas aí ele respira: a propriedade se configura como sua própria substância, extensão de seu corpo, de onde deriva sua noção de existência e pertencimento. Se fora dela não há liberdade, ele buscará expandir seus limites ao máximo. Tal condição torna o sujeito previsível e útil para o poder político e econômico que, juntos, organizam os desejos, gerenciam os pertencimentos e definem os limites pela produção da falta. A propriedade e a falta, "formam um duo que invade todo o entramado social, e sua presença supõe a aniquilação de relações espontâneas de derramamento e reciprocidade, que tecem apoio mútuo".[69] A fórmula milenar da dominação tem sido promover a devastação dos territórios, a destruição das relações comunitárias, a expropriação de terras e a violação dos corpos, para então administrar a escassez através da imposição da propriedade de terras, corpos e relações.

> Além de incentivar tomadas de decisão coletivas e a cooperação no trabalho, as terras comunais eram a base material sobre a qual podia crescer a solidariedade e a sociabilidade campesina. Todos os festivais, jogos e reuniões da comunidade camponesa eram realizados nas terras comunais. A função social das terras comunais era especialmente importante para as mulheres, que, tendo menos direitos sobre a terra e menos poder social, eram mais dependentes delas para a subsistência, autonomia e sociabilidade (...).
>
> Essa rede de relações de cooperação, a que R. D. Tawney se referiu como o "comunismo primitivo" do vilarejo feudal, desmoronou quando o sistema de campos abertos foi abolido e as terras comunais foram cercadas (TAWNEY,

---

69 BUSTOS, Casilda Rodrigáñez; VIÑAMBRES, Ana Cachafeiro. *La Represión del Deseo Materno y la Génesis del Estado de Sumisión Inconsciente*. 3ª ed. Murcia: Crimentales, S.L. 2007, p. 343.

> 1967). Não só a cooperação no trabalho agrícola desapareceu quando a terra foi privatizada e os contratos individuais de trabalho substituíram os coletivos, mas também as diferenças econômicas entre a população rural se aprofundaram, à medida que aumentou o número de ocupantes ilegais que não tinham nada além de uma cama e uma vaca e a quem não restava outra opção a não ser "ajoelhar e baixar a cabeça" para implorar por um emprego (SECCOMBE, 1992). A coesão social começou a se decompor, as famílias se desintegraram, os jovens deixaram os vilarejos para se unir à crescente quantidade de vagabundos ou trabalhadores itinerantes – que logo se tornaram o principal problema social da época – enquanto que os idosos eram abandonados à sua própria sorte (...). O resultado foi um campesinato polarizado não apenas por desigualdades econômicas cada vez mais profundas, mas também por um emaranhado de ódios e ressentimentos que está bem documentado nos escritos sobre a caça às bruxas.[70]

Em seu brilhante trabalho, Silvia Federici retifica a narrativa histórica do estabelecimento do capitalismo a partir da crise feudal e da empresa colonial, demonstrando como a acumulação primitiva do capital teria sido impossível sem, além da expropriação de terras e escravização de pessoas, uma reorganização da sociedade e da família que possibilitasse e naturalizasse a exploração não assalariada das mulheres nos trabalhos domésticos de produção e reprodução social. A autora ressalta o papel central da caça às bruxas nesse processo, dado que a resistência das mulheres à empreitada capitalista foi tão forte que apenas com uma estratégia de terrorismo de Estado tão brutal como essa foi possível finalmente submetê-las.

Com a privatização das terras em escala global, as populações autóctones da América e da África foram sendo exterminadas e

---

70 FEDERICI, Silvia. *Calibã e a Bruxa*: mulheres, corpo e acumulação primitiva. São Paulo: Elefante, 2004, p. 138.

escravizadas, enquanto na Europa se estabelecia o novo regime de trabalho individual assalariado. Privados do acesso à terra que lhes provia subsistência, os trabalhadores se viram obrigados a vender seu tempo e sua força de trabalho para sobreviver, ao mesmo tempo que os alimentos, convertidos em mercadoria, se tornavam cada vez mais caros, produzindo uma condição de miséria na classe trabalhadora, o que permitia aos capitalistas e empregadores elevar ao máximo sua exploração através do controle dos salários e dos contratos de trabalho.

O confinamento das mulheres à esfera doméstica e a crescente desvalorização do trabalho feminino, até o ponto de que já não fosse mais reconhecido como trabalho, funcionou para os homens pobres como uma "substituição de suas terras perdidas". O trabalho das mulheres passou a ser visto como um "recurso natural", do qual também os trabalhadores homens podiam se apropriar, reproduzindo assim em sua escala o movimento de acumulação primitiva capitalista que havia gerado sua própria condição de miséria e exploração.

> Esta foi uma derrota histórica para as mulheres. Com sua expulsão dos ofícios e a desvalorização do trabalho reprodutivo, a pobreza foi feminilizada e, para colocar em prática a "apropriação primitiva" dos homens sobre o trabalho feminino, foi construída uma nova ordem patriarcal, reduzindo-se as mulheres a uma dupla dependência: de seus empregadores e dos homens. O fato de que as relações de poder desiguais entre mulheres e homens existiam mesmo antes do advento do capitalismo, assim como uma divisão sexual do trabalho discriminatória, não foge a esta avaliação. Isso porque, na Europa pré-capitalista, a subordinação das mulheres aos homens esteve atenuada pelo fato de que elas tinham acesso às terras e a outros bens comuns, enquanto, no novo regime capitalista, as próprias mulheres se tornaram bens comuns, dado que

> seu trabalho foi definido como um recurso natural, que estava fora da esfera das relações de mercado.[71]

Portanto, na nova organização capitalista, as mulheres ficaram excluídas do acesso às bases materiais mínimas da existência, reforçando e ressignificando sua condição sub-humanizada como propriedade masculina pela naturalização da exploração do seu trabalho como um "bem comum". Enquanto na família burguesa em formação o marido institui seu poder através de seu pequeno patrimônio, tornando-se o protopatriarca representante do Estado que deve disciplinar e supervisionar as "classes subordinadas" figuradas na esposa e nos filhos, nas famílias proletárias os trabalhadores despossuídos obtêm um poder análogo sobre suas mulheres através do salário, pois com ele o trabalhador é "dono" de sua própria força de trabalho e também da força de trabalho de sua esposa, que depende dele economicamente e, portanto, deve obedecê-lo. Se já se pode extrair daí que as mulheres das classes trabalhadoras europeias viveram em "condições análogas à da escravidão", estando submetidas à dupla camada de exploração formada pelo marido e seu patrão, o que se poderia dizer sobre as mulheres verdadeiramente escravizadas nas colônias.

> As mulheres europeias não estavam abertamente expostas às agressões sexuais, embora as mulheres proletárias pudessem ser estupradas com impunidade e castigadas por isso. Tampouco tiveram que sofrer a agonia de ver seus filhos levados embora e vendidos em leilão. Os ganhos econômicos derivados dos nascimentos a que estavam obrigadas a gerar eram muito mais dissimulados. Nesse aspecto, a condição de mulher escrava revela de uma forma mais explícita a verdade e a lógica da acumulação capitalista. Mas, apesar das diferenças, em ambos os casos o corpo feminino foi

---

71 FEDERICI, Silvia. *Calibã e a Bruxa*: mulheres, corpo e acumulação primitiva. São Paulo: Elefante, 2004, p. 191.

> transformado em instrumento para a reprodução do trabalho e para a expansão da força de trabalho, tratado como uma máquina natural de criação, funcionando de acordo com ritmos que estavam fora do controle das mulheres.[72]

Apesar dos sérios limites que Federici reconhece haver em sua comparação entre as mulheres na Europa e as mulheres escravizadas nas colônias, para fins da compreensão da formação da família autoritária constituída no triângulo edipiano temos: um protopatriarca, uma mãe degradada à condição de trabalho forçado e sua prole obediente. Está formada a célula do Estado capitalista, em todas as camadas econômicas de uma sociedade profundamente dividida e desigual.

Nos dias atuais, entretanto, vivemos um momento histórico em que essa família da qual nascemos já não se sustenta da mesma forma. O divórcio, as mães solo, os casais formados por pessoas homossexuais ou transgêneras, os esquemas não monogâmicos são exemplos que vão pouco a pouco dissolvendo e fragmentando a família como a conhecíamos. Fala-se em uma "família tentacular"[73] ou "família mosaico".[74] Cabe a pergunta se essa dissolução é apenas um novo reposicionamento dos pilares de sustentação do poder, como aconteceu outras vezes na história e Federici o demonstra, ou se temos em nossas mãos um tipo de oportunidade de implodir as paredes do triângulo.

---

72 FEDERICI, Silvia. *Calibã e a Bruxa*: mulheres, corpo e acumulação primitiva. São Paulo: Elefante, 2004, p. 163.

73 KEHL, Maria Rita. "Maria Rita Kehl: em defesa da família tentacular". *Fronteiras*, dez. 2013. Disponível em: https://www.fronteiras.com/artigos/maria-rita-kehl-em-defesa-da-familia-tentacular. Acessado em: 13.03.2024.

74 HOMEM, Maria. "Maria Homem, Morris Kachani | amor (ao invés do ódio)". *Youtube*, 2020, 21min e 03seg. Disponível em: https://www.youtube.com/watch?v=NtzaAkAQp1s. Acessado em: 12.04.2024.

Considerando a íntima relação entre a organização do trabalho e a organização da família, temos sido testemunhas de uma particular precarização das relações de trabalho, a chamada *uberização* da economia. Travestido em um discurso de empreendedorismo, esse processo desvanece a figura do patrão, que se oculta por trás dos aplicativos e algoritmos. O trabalhador acredita ser, ou deseja ser, o patrão de si mesmo, convertendo-se numa pessoa jurídica, num microempreendedor individual, que negocia o próprio tempo e força de trabalho no mercado. A autoridade patriarcal a quem obedecer ou contra quem lutar se despersonalizou e se pulverizou, deixando para trás um cenário de orfandade e desamparo generalizado em que cada um tem que lutar por si mesmo e contra todos, sem garantia dos seus direitos mais básicos. Aparentemente, a nova célula de reprodução do Estado neoliberal vem a se instalar no próprio indivíduo, que se autoexplora acreditando numa fluidez econômica que lhe permitiria surfar numa arena social que se constitui numa superfície cada vez mais instável e volátil. No entanto, o que impulsiona esse sujeito segue sendo a tentativa de suprir a falta, seja pela aquisição de mercadorias ou pela especulação sobre o próprio dinheiro, a propriedade em abstrato, que representa a possibilidade virtual de suprir qualquer falta. O sujeito, cada vez mais distante de conhecer o que verdadeiramente poderia saciá-lo, se depara a cada passo com a frustração, o que aumenta a sensação de falta ao mesmo tempo em que torna ainda mais remota a possibilidade de saciedade. Cada vez mais o sujeito procura preencher-se de virtualidades, abstrações e sonhos de consumo, que são o que lhe resta. A percepção de si é cada vez mais abstraída da experiência corporal e o "*eu*" fica reduzido a uma imagem aumentada de si mesmo, projetada no espelho do algoritmo que irá determinar seu desejo, sua opinião, seus gestos, seus ritmos e até mesmo seu horário de beber água.

CAPÍTULO VI

O PAVOR DO SOBERANO OU A SACIEDADE É REVOLUCIONÁRIA

A perda do paraíso uterino nos trouxe a maravilhosa oportunidade de *conhecer* o prazer e, é claro, a dor, sua contraparte. O primeiro prazer que experimentamos, no seio materno, tem a conotação de uma memória do útero, mas sem ser exatamente a mesma coisa. Uma nova saciedade que remete à saciedade primeva e absoluta que um dia experimentamos sem ter consciência disso, uma vez que não havíamos experimentado ainda nenhuma sensação contrastante. No início da vida, portanto, é o prazer que nos orienta para o que nos nutre, acolhe e protege, enquanto o desprazer indica que o melhor caminho fica em outra direção. Onde não há prazer, não te demores. Se é prazeroso permaneço, se é doloroso retorno ao que me é seguro e conhecido e depois tento outro rumo. Isso se chama autorregulação. Todo organismo vivo dispõe da capacidade de autorregular-se. A busca de prazer e satisfação é o que nos mantém vivos e desejantes, curiosos de novas sensações, outros prazeres e novas saciedades possíveis.

O bebê, no mundo, experimenta. Suas incursões vão se tornando cada vez mais longas segundo os conhecimentos e as habilidades que vai adquirindo. Torna-se cada vez mais possível sustentar um pouco de desprazer em troca de aprendizado. Conforme é compreendido e reconhecido o mundo vai parecendo menos ameaçador, convidativo até. E cada vez que o bebê se arrisca, o mundo aumenta. Novos elementos se incorporam, e com eles novas sensações. Num certo sentido, para além da saciedade das necessidades básicas do corpo, o prazer acontece no exato momento de tornar-se consciente de algo que antes não se sabia.

Por muito tempo as funções básicas do próprio corpo foram a principal fonte de descoberta de novas sensações prazerosas. Mas o bebê cresce e cresce.

Que tipo de adultos nos tornaríamos se, desde o momento do nascimento até a morte nos fosse permitido guiar-nos pelo princípio do prazer e, portanto, pela nossa capacidade inata de autorregulação? Conhecendo profundamente a nós mesmos, no nosso próprio ritmo, a cada passo e a cada novo contato com a realidade ao redor. Se ninguém precisasse nos alertar dos perigos do fogo que queima e muito menos nos proibir de chegar perto da chama, pois poderíamos ir nos aproximando aos poucos, sentir o calor intenso e entender isso por nós mesmos, certamente muito antes de obter uma queimadura grave. E mais, com a certeza de contar com uma comunidade de pessoas adultas que saberiam como nos apoiar em caso de algum acidente. Se crescêssemos assim, sem essa condição crônica de estresse que nos assola, nos tornaríamos adultos mais sensatos? Sem medo da vida? Se sim, que tipo de sociedade construiríamos?

A pergunta é bastante razoável no sentido de que se baseia em uma realidade verificável sobre o funcionamento dos organismos vivos, o que nos inclui, e faz uma aposta na potência da capacidade cognitiva e profunda engenhosidade que o ser humano tem demonstrado desde que caminha sobre a face da terra. Mas a pergunta soa utópica no sentido de que estamos tão enredados num esquema social que se assenta e reproduz justamente na repressão dessa capacidade básica de autorregulação que fica muito difícil entender por onde escapar desse nó.

Nós que aqui estamos, que já nascemos e já crescemos neste mundo, temos provavelmente poucas ou nenhuma chance de corrigir definitivamente em nós a falha básica que nos constituiu como sujeitos. No entanto, qualquer um de nós pode reconhecer a própria falta, aceitar que se trata fundamentalmente de uma falta de mãe, falar a respeito, nomear isso, torná-lo consciente, óbvio, explícito para qualquer pessoa enxergar. Entender que essa lacuna não é privilégio de uma ou outra pessoa, mas uma condição comum a todos os que nascemos sob a égide do patriarcado, nos permitiria parar de tentar preenchê-la desesperadamente. Isso poderia ser um princípio de recusa, uma possibilidade de pausa no rodar incessante da esteira que nos força correr sem parar atrás de "objetos de desejo" pré-fabricados e fetichizados, inalcançáveis por definição. Um desvio do olhar talvez nos permitisse enxergar o que poderia ser simples: que para estar saciados necessitamos apenas ter o *suficiente* e nem uma gota a mais; que a satisfação se dá na conexão a um *fluxo* e que, portanto, não pode estar contida em nenhum dos objetos, mercadorias e imagens que possamos escolher em algum catálogo, prateleira, vitrine ou aplicativo; e que saciar-se é mais simples e menos caro do que supomos. Então poderíamos por um momento calar as odes ao amor impossível, esquecer as promessas de felicidade após a morte, apagar as telas que nos ofuscam os olhos e abrir mão de quaisquer substitutos da verdadeira satisfação. Nesse breve instante de silêncio, poderíamos, talvez, reconhecer que estamos exaustos e quem sabe até descansar um pouco. Depois disso poderíamos começar a pensar em como assumir a responsabilidade "sobre o que fazemos com o que fizeram de nós".

Temos muitas vezes considerado que o atual estado das coisas se deve a algum infeliz incidente histórico, que há milhares de anos impôs, pelo artifício da força e da violência, a supremacia de um certo grupo de homens sobre todos os demais, a mercantilização das mulheres e a repressão das crianças. Uma origem tão distante no tempo ganha proporções míticas e se arraiga fundo em nosso inconsciente, tornando inalcançável a causa e a cura da "peste emocional" que nos assola. No entanto, se olharmos bem, podemos ver que o patriarcado tem sido refundado uma e outra vez, a cada pessoa que nasce, a cada mulher que pare, a cada gesto repressivo que se repete. Isso significa que temos, em cada uma dessas ocasiões, uma nova oportunidade de cortar suas raízes. Não que seja algo assim tão simples, mas os esforços ostensivos e incessantes da repressão patriarcal demonstram por si mesmos que o custo do poder é muito alto. A manutenção da lei do *Pai* demanda vigilância constante e um complexo tão mais amplo quanto possível de recursos, métodos, normas e sistemas de impedimento de que a vida retome seu equilíbrio autorregulado e natural. E ainda assim, a vida tem escapado sempre pelas frestas. O filho que sobrevive à morte volta cedo ou tarde para destituir o pai e restaurar a sexualidade materna. E nesse sentido se justifica o pavor do soberano.

CAPÍTULO VII

FILHAS E FILHOS DESTE MUNDO, UNI-VOS! OU COMO CONSTRUIR A TERRA SEM MALES OU UM MUNDO ONDE CAIBAM MUITOS MUNDOS OU RESISTÊNCIA É VIDA

Podemos imaginar uma sociedade organizada em função do princípio materno e da autorregulação dos corpos? Uma sociedade na qual há lugar para todas as pessoas e as relações são fraternas, afinal todos os filhos e filhas partilharam o mesmo útero e se saciaram no mesmo seio sem que faltasse para ninguém. Sabem, portanto, que não precisam acumular, nem roubar, nem competir para ter o que precisam. Na ausência do poder autoritário e da lei escrita, as dinâmicas sociais se tecem através da reciprocidade e do apoio mútuo na *afluência* dos recursos. Essa é a imagem do Bem Viver. Diferentes povos se organizaram – e se organizam – de maneira mais ou menos semelhante a essa. Aqueles que não se renderam à formação de um Estado hierárquico e que não produziram a exploração do humano pelo humano.

Em *A sociedade contra o Estado*, Pierre Clastres reflete sobre como os povos indígenas das terras baixas americanas desenvolviam engenhosas tecnologias sociais para impedir a formação de poder político. A função do "chefe sem poder" era manter a harmonia do grupo, através de suas palavras pronunciadas com sabedoria. O líder que cometesse qualquer tipo de abuso ou que apenas não fosse bom o suficiente seria facilmente substituído, pois estava a serviço da comunidade e não o contrário. Uma característica importante do território que esses povos habitavam era grande abundância de recursos: havia alimento e água suficientes durante o ano todo, a temperatura era quente a ponto de se poder andar nu, não faltava a matéria-prima para construir casas ou utensílios e, principalmente, havia muito espaço proporcionalmente ao número de pessoas, de maneira que se houvesse uma divergência dentro de um grupo social, ele simplesmente se dividia, sendo fácil encontrar outro território igualmente adequado para o novo grupo que se formava. Entretanto, possivelmente devido ao significativo aumento na densidade demográfica de suas unidades sociopolíticas – o que era esperado em um ambiente tão favorável –, os grupos tupi-guarani começaram a apresentar indícios de formação de poder político. Os cronistas portugueses e franceses do início da colônia se referiam aos chefes de suas "federações de tribos" como "reis de província" ou "régulos". E, paralelamente a isso, começavam a surgir profetas que anunciavam que o mundo humano era mau e que era preciso buscar a "terra sem males".[75] Por essa época chegaram os colonizadores e dizimaram essas populações e seu ecossistema, de modo que não podemos saber se teriam ou não começado a formar efetivamente uma estrutura estatal. É interessante refletir sobre a relação entre a escassez de recursos e o desenvolvimento do poder civilizatório. De fato, os colonizadores que vieram saquear a abundância destas terras, estavam exportando a fome e a miséria de suas próprias populações, produto de sua civilização. Sabemos que o poder se reproduz pela lógica inerente de devastar para dominar, mas talvez a origem do "instinto civilizatório" seja não muito mais que simplória atitude egoica do animal humano tentando assegurar a própria sobrevivência às custas do *outro*. Temos inteligência, capacidade ética e tecnologia suficientes para um desenho social mais eficiente do que esse modelo autodestrutivo.

Por isso, uma saída do patriarcado significa mais que um simples retorno ao colo materno. Nossa tarefa implica a produção consciente e intencional do apoio mútuo depois de havermos sido impactados pelas dinâmicas competitivas e exploratórias. Algo como desenvolver imunidade ao poder depois de termos sido contaminados por ele: o desenvolvimento de sistemas sociais que, mesmo diante de situações de estresse, sejam capazes de recuperar

75 CLASTRES, Pierre. *A sociedade contra o Estado*. São Paulo: Cosac Naify, 2012.

a homeostase social, a afluência e a disponibilidade dos recursos para todas as pessoas. O que alguns povos conseguiram realizar nesse sentido no mundo contemporâneo é digno de louvor e fonte de inspiração. Para citar dois exemplos muito emblemáticos, consideremos os zapatistas no sul do México e as mulheres curdas no norte da Síria. Mas há outros grupos que, de diferentes maneiras, têm buscado manter suas formas próprias de organização social em recusa ao poder estatal, como por exemplo os Mapuche, alguns grupos Guarani na Bolívia, a cidade de Cherán e diversas comunidades autonomistas de Chiapas no México, os Mosuo na China, os povos isolados na Amazônia, para citar alguns. O importante é lembrarmos de não duvidar da possibilidade de sair da condição de submissão voluntária e nos somarmos à construção do "mundo onde cabem muitos mundos", desde nossas próprias geografias e calendários, como diriam os e as zapatistas. Evidentemente não é possível simplesmente reproduzir o que esses povos têm feito, como se existisse algum passo a passo a ser seguido, justamente porque se trata de processos históricos complexos desenvolvidos a partir das particularidades de seus contextos. Mas há princípios em comum, que se pode observar e aprender.

Destacando brevemente alguns pontos, em primeiro lugar nota-se que o elemento central da luta tanto zapatista quanto curda é a recusa categórica e consciente ao Estado patriarcal e capitalista e o estabelecimento de um território autônomo e de estratégias próprias de autogoverno. Apenas retomando as terras e trabalhando nelas coletivamente é possível produzir autonomia. Essa foi a principal mensagem do movimento zapatista durante as celebrações de seus 30 anos de construção da autonomia. Depois de experimentar três décadas de uma organização baseada na rotação do tempo de trabalho entre as terras familiares, as terras coletivas dos municípios autônomos e as diferentes tarefas do autogoverno, os zapatistas chegam à conclusão de que a propriedade de terras e a estrutura piramidal de organização não servem à autonomia. No final de 2023 anunciam uma reestruturação completa de sua organização: as estruturas centralizadoras como os *Municípios Autônomos Rebeldes Zapatistas* (MAREZ) e as *Juntas de Bom Governo* foram dissolvidas enquanto em seu lugar foram formados os *Governos Autônomos Locais* (GAL), para que todas as decisões sejam tomadas diretamente a partir das comunidades; e que estas trabalhem a terra efetivamente em comum, eliminando toda a noção de *propriedade* de terras. Os curdos em Rojava,[76] por sua vez, se organizam na forma de um confederalismo democrático, que se dá a partir de um sistema de assembleias em todos os níveis, de maneira que a tomada de decisões aconteça de baixo para cima e não o contrário. Duplas de delegados, sempre um homem e uma mulher, são incumbidas de levar a decisão à assembleia do próximo nível. E em todos os níveis existe uma assembleia exclusivamente de mulheres.

O protagonismo das mulheres e o desenvolvimento de técnicas de organização que propositivamente corrijam a herança da desigualdade e da repressão patriarcal é um elemento inegociável e inadiável da luta tanto curda quanto zapatista:

> Porque nosso dever como mulheres que somos que lutam é nos proteger e nos defender.
>
> E mais ainda se a mulher é uma menina apenas.
>
> A temos que proteger e defender com tudo o que temos.
>
> E se já não temos nada, pois com paus e pedras.
>
> E se não há pau nem pedra, pois com nossos corpos.
>
> Com unhas e dentes há que proteger e defender.

76 A palavra Rojava significa tanto "Oeste" quanto "Pôr do sol" em idioma curdo. O nome se refere ao território autônomo situado na parte nordeste da Síria, sul da Turquia e oeste do Iraque. Em 2016, o nome oficial da região foi alterado para Federação Democrática do Norte da Síria (FDNS), levando em conta que Rojava é um termo curdo e o território contempla também outros grupos étnicos.

> E ensiná-las as meninas a proteger-se e defender-se quando já criarem e terem suas próprias forças.
>
> Assim está a coisa, irmã e companheira, temos que viver na defensiva.
>
> E temos que ensinar às nossas crianças a crescer na defensiva.
>
> Assim até que possam já nascer, criar e crescer sem medo.
>
> Nós como zapatistas pensamos que é melhor para isso que estejamos organizadas.
>
> Sabemos que há quem pensa que também se pode no individual.
>
> Mas nós fazemos organizadas como zapatistas que somos.[77]

Essas palavras foram proferidas pela comandanta Amada na inauguração ao *II Encuentro Internacional de Mujeres que Luchan* convocado pelas zapatistas e realizado em dezembro de 2019, com a participação registrada de 3259 mulheres e 95 crias, de 49 países. Logo após o discurso, seguiu-se as boas-vindas que as insurgentas e milicianas ofereceram, à sua maneira, às participantes do encontro: munidas de cassetetes e arcos e flechas, iniciaram sua apresentação dançando a cumbia, seguiram realizando diferentes formações e terminaram em formação circular – um caracol – em torno de uma menina. Um exército inteiro de mulheres treinadas e preparadas para proteger uma criança. E que sabem lutar com alegria! Durante o encontro só de mulheres, era possível ver e sentir o mundo sem medo, porque sem patriarcado, sem Estado e sem capitalismo. Pessoas de diferentes partes do planeta se saudavam com familiaridade e crianças, mesmo muito pequenas, corriam à vontade pelo acampamento, com a tranquilidade de encontrar amparo em qualquer pessoa adulta ali presente. As tarefas eram realizadas coletivamente, com simplicidade, e os acordos de convivência eram estabelecidos através do diálogo, podendo mudar

77 COMANDANTA, Amada. *II Encuentro Internacional de Mujeres que Luchan*, 2019.

conforme as necessidades. Em contraste a essa leveza e fluidez, a razão do encontro era o tema único da violência contra as mulheres, a importância de denunciar isso e a raiva e indignação compartilhadas. Uma jovem zapatista se disse impressionada com a solidão de todas aquelas milhares de mulheres que não puderam contar com o apoio de suas comunidades nas situações de abuso e violência que relatavam. Uma participante curda disse que "nós mulheres estamos em perigo, em nossas casas e nas ruas, quando há guerra e quando há paz. Não é por acaso que as mulheres hoje em dia fazemos a linha de frente na luta antifascista" no mundo. "Temos tudo a perder, mas também tudo a ganhar".

A capacidade de autodefesa é, portanto, outro elemento fundamental aos processos de construção de autonomia, sobre o qual esses dois exemplos têm muito a ensinar. É preciso, antes de mais nada, saber diferenciar aquele que aprende a arte da guerra para libertar-se dela, daquele que a promove para subjugar o outro. O EZLN[78] é um exército que se forma para que não existam mais exércitos, e que se coloca a serviço das comunidades. A grande ênfase da luta zapatista é a promoção da saúde, da justiça e da educação autônomas, seguindo *Os 7 princípios de mandar obedecendo*.[79] Sua estratégia de não permitir a formação de poder político nem militar que possa subjugar o povo é explícita. No Curdistão, as mulheres em meio à guerra aprenderam há mais de quatro décadas a manejar armas e formaram batalhões próprios, desenvolvendo suas próprias estratégias e táticas militares e tornando-se, dessa forma, a principal força terrestre de combate ao ISIS.[80] Elas têm o cuidado de que todas, inclusive as mais velhas, sejam capazes de autodefender-se, e com isso evitam o estabelecimento de relações

---

78 *Ejército Zapatista de Liberación Nacional.*

79 Traduzidos ao português: 1. Servir e não servir-se; 2. Representar e não suplantar; 3. Construir e não destruir; 4. Obedecer e não mandar; 5. Propor e não impor; 6. Convencer e não vencer; 7. Baixar e não subir.

80 *Islamic State of Iraq and Syria.*

hierárquicas e de poder entre elas próprias. Da mesma forma, elas desenvolveram seu processo de justiça autônoma, realizada pelo consenso; um sistema econômico baseado na organização de comunas, cooperativas e associações de bairro; e um sistema educativo que garante a todas as pessoas o estudo da *Jineologia*, uma abordagem científica própria que as curdas têm desenvolvido para orientar o movimento social. O termo vem das palavras curdas *Jin*, que significa "mulher" e *Jiyan*, que significa "vida", e pode ser traduzido como "a ciência da mulher e/ou a ciência da vida":

O termo *jineolojî* aparece pela primeira vez no terceiro volume do "Manifesto para uma civilização democrática" de Abdullah Öcalan, intitulado "Sociologia da Liberdade". A ciência das mulheres, desenvolvida desde 2008, baseia-se em quarenta anos de experiência do Movimento de Mulheres Curdas na guerrilha e na sociedade. "Jineologia é tanto um resultado quanto um começo. É o resultado do progresso dialético do Movimento de Mulheres Curdas e também o início de uma resposta às contradições e aos problemas da sociedade moderna".

> Em 2011, o primeiro comitê de *Jineologia* foi estabelecido dentro do PAJK.[81] Esse comitê deu início a um longo processo de discussão que durou até 2014, e que estabeleceu as bases e necessidades da *Jineologia*. Essas discussões e estudos resultaram em um livro intitulado "Introdução a Jineologia". Em 2015, as mulheres do partido se reuniram nas montanhas do Curdistão para a I Conferência de Jineologia do PAJK. Nessa conferência, foram criados diferentes comitês para desenvolver o trabalho de Jineologia nas quatro partes do Curdistão e na Europa, dando os primeiros passos para a expansão da *Jineologia*. Mesmo que o primeiro comitê da *Jineologia* tenha nascido no PAJK, hoje a *Jineologia*

---

81 *Partiya Azadiyê Jinên Kurdistan* (Partido Livre das Mulheres do Curdistão). Organização partidária na qual estão incluídas todas as mulheres do PKK – *Partiya Karkerên Kurdistan* (Partido dos e das Trabalhadores/as do Curdistão).

> se expandiu para várias partes do mundo, e mulheres de diferentes organizações, que não estão ligadas ao PAJK, também fazem parte da *Jineologia*. *Jineologia* não é uma ideologia, mas uma ciência e um método de produzir e recriar conhecimento, portanto, deve ser universal e acessível a todas as mulheres. Entretanto, a Jineologia está ciente da influência da ideologia da modernidade capitalista sobre a ciência e, portanto, entende a si mesma como uma ciência da modernidade democrática.[82]

Trata-se de uma perspectiva que, "ao contrário da filosofia de outros movimentos socialistas, considera a resistência, o trabalho, o pensamento intelectual e as teorias das mulheres como a base para a liberação social".[83] A Jineologia tem seus fundamentos teóricos no feminismo ocidental, mas o transcende e critica em diversos aspectos, como por sua epistemologia excessivamente fragmentada, pouca assertividade na promoção da transformação masculina e inabilidade de desenvolver um modelo de vida que escape aos limites da modernidade. A perspectiva das curdas se orienta para a integração entre ideologia e ação política, reaproximando a sociologia da produção de transformações na vida prática e cotidiana da população.

> A organização autônoma das mulheres guerrilheiras nas montanhas do Curdistão criou um modelo de vida comunitária para as mulheres, não apenas nas montanhas, mas também na sociedade (...). Como movimento de mulheres curdas, estamos tentando disseminar os princípios de Jin (mulheres), Jiyan (vida) e Azadi (liberdade) em toda a sociedade. Agora, em todas as partes do Curdistão, há movimentos e instituições autônomas de mulheres.

---

82 *Instituto Andrea Wolf*, 2021, p. 418 (tradução livre da autora).

83 JINEOLOJÎ Comitê Europa. *Jineolojî*. 2ª ed. Neuss: Mezopotamien Verlag und Vertriebs GmbH, 2018, p. 70 (tradução livre da autora).

> Entre outros exemplos concretos de Jineologia está a construção da aldeia feminina "JINWAR" em Rojava. É uma utopia que está se tornando realidade; é uma personificação da vida fundada por mulheres. Em vez de as mulheres conscientes se concentrarem em tentar se salvar e se separar da sociedade, é importante disseminar a consciência de liberdade na sociedade. Por esse motivo, Jineologia significa fortalecer os vínculos entre a liberdade, a organização e a sociedade. Essa abordagem também serve para fortalecer a democracia radical e a liberdade nas instituições legais e para fortalecer as perspectivas e a vontade das mulheres nos modelos de vida alternativos existentes.[84]

Essa perspectiva nos inspira e provoca a ousar imaginar e produzir outros modelos de vida que escapem aos moldes da pós-modernidade ocidental. As mulheres têm sido sempre e em toda parte as que dão origem à vida, que a mantêm e fazem crescer. A transformação de tal potência em uma marca de inferioridade ou fraqueza revela a inversão de valores produzida por uma ordem social e simbólica que estabelece a morte como medida de poder – pela capacidade de produzi-la – e de bravura – pela coragem de enfrentá-la –, ao passo em que oculta, aparta, controla e violenta o nascimento da vida. Apesar das dolorosas consequências das investidas patriarcais em reduzir a expressão vital ao mínimo necessário à manutenção da máquina política e econômica, enquanto houver vida, haverá resistência: ela seguirá escapando ao controle e encontrando seus meios, pois é assim que a vida acontece.

---

84 JINEOLOJÎ Comitê Europa. *Jineolojî*. 2ª ed. Neuss: Mezopotamien Verlag und Vertriebs GmbH, 2018, p. 61.

CONCLUSÃO

NINGUÉM NASCE SOZINHO OU AFINAL, O QUE A MÃE TEM A NOS DIZER?

A tarefa de construir uma posição de autonomia e liberdade para a maternidade não se trata apenas de sua ressignificação dentro da estrutura social, mas de uma ressignificação da estrutura social e simbólica ao seu redor. Conforme discutimos, na ordem patriarcal o *sujeito materno* se constitui na forma de uma lacuna: tanto no sentido de um oco a ser preenchido por um bebê (potencial sujeito patriarcal), quanto no sentido de um profundo esvaziamento e "despossessão de si". A mulher reprodutora é a não-pessoa da qual o Estado, o Mercado e o humano individual necessitam para existir e sobreviver pelo seu efeito de prazer, sujeição, reprodução e cuidados. Tida como incapaz de razão e perdida de si no exercício cego das paixões, ela é desprovida do direito e da propriedade sobre seu corpo, seu trabalho e sua prole. Existe, portanto, um papel político delimitado para esse sujeito que é feminino e que pode ser – e é – interseccionalizado pelo racismo, a outra forma de subjugação que sustenta o mesmo sistema. Sobre essa matriz, o sujeito ideal do patriarcado, o filho legítimo e herdeiro por direito dos poderes do *Pai*, o "cidadão livre" para interagir politicamente entre seus pares, o homem racional, artificialmente concebido e naturalizado como a noção mesma de "pessoa": se fabrica a si mesmo através do **abortamento** da exterogestação e da simbiose materno-infantil, imposto às mulheres como elo perpetuador e reprodutor de seu sistema político, econômico e social.

Esse abortamento desconfigura a etapa da vida humana que é marcada pela vulnerabilidade, dependência e vínculo com o *outro*, substituindo o princípio do amor pelo princípio de autoridade-obediência. A invisibilização da perinatalidade, tanto por sua segregação da vida social quanto por sua omissão das narrativas pessoais e coletivas, é a estratégia que permite, por um lado, o exercício dessa violência sem maiores testemunhas e, por outro, a consolidação da percepção desse *sujeito patriarcal* – instituído como referencial e medida para toda a sociedade – como aquele que "faz a si mesmo", que é "autor da própria vida" e que não deve nada a ninguém.

Por mais que gostemos de acreditar que "nascemos sozinhos, vivemos sozinhos e morreremos sozinhos", o fato é que ninguém nasce só. Nascemos *do* outro, *através* do outro, *com* o outro e *para* os outros. A mãe que nos dá a vida, que nos recebe, nos acolhe e nos nutre, independentemente de *quem* ou *como* somos, nos oferece uma perspectiva muito mais interessante para interpretar e produzir as relações sociais: a receptividade ao *outro*. Nesse sentido, e diante da lacuna deixada pelos discursos filosóficos, sociológicos e psicanalíticos que historicamente formaram as bases epistemológicas do pensamento ocidental, filósofas feministas têm pautado a necessidade de desenvolvermos uma *ordem simbólica da mãe*,[85] uma *filosofia do nascimento*,[86] uma ética – ou *herética – do erotismo materno*,[87] que possam não somente redesenhar as políticas reprodutivas, mas embasar a construção de novas formas de se pensar e fazer a política social.

Se, como ponto de partida, perguntarmos "o que as mães *querem*?" e, complementarmente, "o que as mulheres querem da maternidade?", ambas as perguntas serão formuladas inevitavelmente dentro da ordem patriarcal. Na condição de sujeito desprovido e

---

85 MURARO, Luisa. *El orden simbó*lico de la madre. Madrid: horas y HORAS, 1994.

86 GUENTHER, Lisa. *The gift of the other*: Levinas and the politics of reproduction. Albany: State University of New York, 2006.

87 KRISTEVA, Julia. "A religância, ou do erotismo materno". *Ide*, São Paulo, vol. 35, nº 55, 2013.

frequentemente culpabilizado, ante um horizonte de possibilidades que reflete a *maternidade patriarcal* em todas as aparentes opções, o que uma mãe efetivamente *pode* querer para além do "bem-estar da criança"? Mesmo que legítimo e orientado pelo *princípio do amor maternal*, esse querer é o mínimo e muitas vezes significa não muito mais do que a sobrevivência, em um cenário social em que o risco de precariedade, abusos, violência e morte infantil infelizmente não é um exagero. Se por exemplo, como é frequente na atenção pré-natal, uma gestante diz "tudo o que eu quero é que o meu bebê esteja bem", o patriarcado imediatamente lhe oferece hospital, ocitocina sintética, anestesia, indução, cesariana, fórmula, etc. como resposta para a sua demanda. Trata-se de uma armadilha tautológica na qual tentamos responder o problema da maternidade com menos maternidade – seja pela sua recusa, terceirização ou artificialização – e com isso aumentamos o problema, em vez de questionar a lógica por detrás. Então, a pergunta mais importante a se formular neste ensaio é: como a sociedade pode se reorganizar para reconhecer e fomentar a **potência materna** e, como consequência, assegurar o bem-estar das crianças?

A verdade é que as mães dizem de muitas formas o que querem e precisam. Especialmente quando encontram os meios e o tempo de se organizarem politicamente, mas também nas entrelinhas do cotidiano. O problema é mesmo a falta de escuta de um senso comum que diz que as mães são todas iguais. Para mencionar algumas de suas pautas, urgentes para a sociedade atual, temos: autonomia de escolha sobre como, quando e quantas vezes engravidar, regulamentação do direito ao aborto, atenção respeitosa e protagonismo durante a gestação-parto-puerpério, remuneração e direito à aposentadoria pelo trabalho de maternagem, corresponsabilização pelo trabalho de maternagem com o pai e outros cuidadores, licença maternidade de pelo menos 1 ano, flexibilidade na jornada de trabalho, acesso a creches e escolas públicas de qualidade em período análogo à jornada laboral, redes de apoio, atenção à saúde mental, liberdade e respaldo à amamentação, condições adequadas para circular com a criança em qualquer espaço, a garantia da segurança das crianças, que seus filhos não sejam assassinados ou desaparecidos e respostas sobre aqueles que foram. A lista pode ser certamente maior, mas ela versa somente sobre necessidades básicas para uma maternidade digna e funcional dentro do próprio capitalismo, o que em si mesmo já representaria uma transformação substancial da sociedade como a conhecemos. Entretanto, o reposicionamento da mãe como sujeito político vai além até mesmo da reivindicação de seu pleno acesso aos espaços públicos, cargos e funções disponíveis. Uma vez que entendemos que a *polis* nunca poderia ter se constituído sem a exploração do trabalho doméstico oculto e privado, torna-se necessário desafiar a hierarquia que concede à esfera pública a exclusividade do direito de legislar sobre a vida e, a exemplo das curdas, construir formas de organização social que reintegrem o fazer político ao tecido comunitário.

A associação depreciativa da maternidade a uma "natureza biológica", cíclica e repetitiva, assim como sua redução à condição laboral de re-produção social, têm servido historicamente para despojá-la de significância própria e encobrir sua função verdadeiramente **produtora** de cultura e de política. A "matéria-prima" da natalidade humana é, afinal, um ser pensante, sempre singular e capaz de tomar decisões, pelo menos enquanto a reprodução ainda acontecer em nossos corpos. Diferente dos outros "recursos naturais", e mesmo da exploração do trabalho humano em geral, a maternidade é condição *sine qua non* da vida de cada cidadão da *polis*, assim como de seu aprendizado da linguagem e acesso à vida em sociedade. Essa produção se dá em um nível de capilaridade que abrange a totalidade das pessoas, mas sempre de maneira distinta, de acordo a uma época, uma geografia, uma língua, uma tradição, uma família específica e, inclusive, uma mesma mãe é diferente para cada filha/o. Portanto, como o elo indispensável à manutenção de uma cultura, a maternidade é sempre potencialmente disruptiva. A transformação das estruturas dadas se inscreve como oportunidade no nascimento de cada criança que chega ao mundo como um "inesperado e irrepetível" *outro*.

> [O] nascimento de Outros – um evento ao mesmo tempo ordinário e milagroso – nos dá esperança de um futuro que se desdobra de forma diferente do passado. Ele nos libera tanto da lógica circular do labor quanto da lógica linear do trabalho, **sugerindo uma temporalidade política na qual a mudança é possível, mas não constante ou inevitável.** Esse tempo político não pertence a nenhum indivíduo específico, mas emerge na interação entre as pessoas em um mundo compartilhado. Sem o perdão do Outro, nunca seríamos liberados da repetição interminável de atos passados; sem fazer promessas aos Outros, não encontraríamos nenhuma garantia, por mais circunscrita que seja, para o futuro imprevisível e contingente. O perdão e a promessa proporcionam uma medida de continuidade dentro do tempo que não é cíclica nem linear, precisamente porque dependem da *descontinuidade* entre o eu e o Outro.[88]

Em *The Gift of the Other*, Lisa Guenther descreve o evento do nascimento como a **dádiva materna**: tanto da vida à criança, quanto da criança à comunidade, trazendo esperança para o futuro e perdão para o passado. A autora ressalta a persistente *ambiguidade* e polissemia que caracterizam o fenômeno da reprodução humana e o fazem escapar incessantemente à linearidade e ao binarismo da racionalidade patriarcal, permeando as fronteiras entre categorias como as de corpo e linguagem, natureza e cultura, indivíduo e alteridade, criação e reprodução, público e privado, pessoal e político. A natalidade reprodutiva se inscreve no limiar da consciência patriarcal e ocupa uma marginalidade peculiar no mapa político.

---

88 GUENTHER, Lisa. *The gift of the other*: Levinas and the politics of reproduction. Albany: State University of New York, 2006, p. 37 (tradução livre da autora, grifo nosso e ênfase no original).

> Tanto excluída da *polis*, como um processo privado e destituído, quanto já incorporada a ela como condição material para o fornecimento de cidadãos, a reprodução está na fronteira da *polis*: tanto dentro quanto fora, tanto antes quanto "enquanto".[89]

Não por acaso, as margens costumam ser regiões mais *férteis* do que o interior de um sistema e é nelas onde ocorrem as trocas e interações que permitem nascer o novo. Nesse sentido, Guenther invoca o pensamento de Adriana Cavarero, que defende um "desinvestimento da *polis* patriarcal", não como um abandono da política, mas como uma provocação sobre como podemos "inventar novas formas de pensar e fazer política que não exijam o apagamento dos corpos reprodutivos das mulheres, **mas sim sua condução**".[90] Trata-se, em última análise, de uma pergunta a respeito de qual deveria ser o horizonte utópico e o projeto de sociedade da luta contra o patriarcado. Afinal, se

> a natureza é interpretada não apenas como um fluxo mudo e impessoal, mas como a raiz animal da existência humana, e quando a casa é vista não apenas como um espaço econômico para o processamento de necessidades básicas, mas como um lugar de hospitalidade e vida ética, não há necessidade de se impor uma hierarquia de oposição entre privado e público, natureza e cultura, reprodução e natalidade.[91]

---

89 GUENTHER, Lisa. *The gift of the other*: Levinas and the politics of reproduction. Albany: State University of New York, 2006, p. 46 (tradução livre da autora).

90 GUENTHER, Lisa. *The gift of the other*: Levinas and the politics of reproduction. Albany: State University of New York, 2006, p. 47 (tradução livre da autora).

91 GUENTHER, Lisa. *The gift of the other*: Levinas and the politics of reproduction. Albany: State University of New York, 2006, p. 45 (tradução livre da autora).

Que tipo de formação social e estrutura ética podem emergir do materno como potência criativa de vida?

Na ausência de uma *ordem simbólica da mãe* para sustentar e fecundar nossa capacidade imaginativa, projetamos a ideia liberal de "poder feminino" em cenários como, por exemplo, o de uma *Barbielândia*:[92] um mundo de plástico, insosso e assexuado, onde mulheres performam uma *polis* sem conflito, a gravidez está "fora de linha" e não existem crianças. Ao contrário dessa sintomática assepsia e esterilidade, a obra de Rodrigáñez nos provoca insistentemente a imaginar – por difícil que possa parecer – a socialização humana organizada em torno da *sexualidade primária* e do *princípio do amor maternal* que, a partir de seus fluxos e pulsões vitais, produz "as relações de derramamento e reciprocidade espontâneas, que tecem o apoio mútuo". Em um sentido análogo e complementar, o argumento de Guenther desconstrói a lógica individualista do "*self-made man*" e reconhece na transcendência da experiência do "outro em si" o sentido ético das relações humanas. Para tanto, a autora se apoia em uma leitura crítica de Emmanuel Levinas, cuja perspectiva define que a ética se inaugura precisamente no encontro com *a alteridade,* quando o reconhecimento do diferente de si estabelece para o sujeito o imperativo da *responsabilidade*:

> Para Levinas, a responsabilidade não decorre apenas do que eu causei ou escolhi no mundo. Em vez disso, a ética implica responsabilidade por um Outro a quem eu *não* causei ou escolhi, mas que se aproxima de mim vindo de fora. Essa responsabilidade pelo Outro não é "minha" e não se origina em mim, mas vem do Outro que **interrompe meus projetos e me coloca em questão.** Ser responsável não é "assumir" a responsabilidade por minha própria existência, como se eu tivesse sido o autor ou o criador dela; a responsabilidade não se segue à ação da mesma forma que um efeito se segue

92 BARBIE. Direção: Greta Gerwing. Warner Bros, 2023. Filme 1h 55min.

> à sua causa. Para Levinas, sou responsável especialmente ali, onde não fiz nada para incorrer em responsabilidade por meio de minhas próprias ações ou existência. A ética exige que eu não tenha me produzido, mas que tenha sido dado aos outros, acolhido por estranhos em hospitalidade. Embora eu possa não reconhecer imediatamente minha existência como dada, sou trazido de volta a essa doação por um estranho que chega nu, indigente e até mesmo ofensivo, e me comanda a dar-lhe um lugar em minha casa. Eu dou essa acolhida não para receber algo em troca, mas porque o Outro me comandou a isso, porque ele chegou à minha porta sem nada e me olhou face a face. Assim, a dádiva da hospitalidade – a dádiva que, para Levinas, constitui a própria ética – é dada por mim *a despeito de mim mesmo*, e não por minha própria iniciativa.[93]

Cada ser humano chega ao mundo tal qual esse estrangeiro nu e indigente e recebe as boas-vindas e o acolhimento da mãe, que lhe oferece mais do que efetivamente possui. O corpo que gesta não tem um espaço extra reservado para um outro corpo (ou mais) dentro de si e, no entanto, cria esse espaço: órgãos e ossos se reacomodam, a postura e o caminhar se desalinham para fazer caber o ser que cresce. Literalmente, a gestação e o aleitamento tomam do corpo materno, mesmo em detrimento de sua saúde e a despeito de sua vontade, quaisquer nutrientes que sejam necessários ao bebê. A puérpera disponibiliza para sua criança o tempo que ela não possui, o sono que ela não dorme e o acolhimento que ela mesma não recebe. A mãe é atravessada "na própria carne", pela *alteridade radical* de um desconhecido por quem ela se torna "infinitamente responsável". A maternidade nos oferece, portanto, um modelo de abertura, generosidade e responsabilidade para com o Outro. Cada pessoa nascida de mãe reconhece e honra a *dádiva*

---

93 GUENTHER, Lisa. *The gift of the other*: Levinas and the politics of reproduction. Albany: State University of New York, 2006, p. 66 (tradução livre da autora, grifo nosso e ênfase no original).

materna ao responder ao imperativo ético de, por sua vez, tornar-se responsável pelo *outro* em suas interações sociais. Desse ponto de vista, a ética é "tornar-se *como um corpo materno* para o Outro":

> Para Levinas, a aproximação de um estranho e desconhecido Outro me comanda a me tornar como um corpo materno para alguém a quem eu possa ou não ter concebido, seja eu homem ou mulher, em casa ou no exílio. Se entendermos a maternidade dessa forma, não como uma identidade biológica fixa ou mesmo como uma identidade social, mas como a resposta a um imperativo ético proveniente do Outro, então a maternidade pode se desvincular de uma interpretação biológica estrita sem ser, por isso, descorporificada. A compreensão da maternidade como uma substituição para o Outro me comanda a responder face a face e na carne; ela também me libera de qualquer predeterminação de minha identidade pela química de minha carne. Nesse sentido, a maternidade se torna mais do que um papel social ou um destino biológico fixo, qualquer um dos quais poderia vincular a identidade das mulheres ao parto e à criação dos filhos, como temia Beauvoir. Ao entender a maternidade *eticamente* como a resposta corporificada a um Outro que eu posso ou não ter "concebido e dado à luz", reconhecemos a maternidade como um locus de responsabilidade sem esperar que as mulheres assumam essa responsabilidade sozinhas.[94]

A perspectiva é valiosa porque devolve à mãe a integridade de sua personalidade ao reconhecê-la como *sujeito* que responde *eticamente* a uma *função*. Dessa forma, se subtrai o caráter compulsório da maternidade e se interpela os demais atores sociais a partilharem da responsabilidade do cuidado, tanto com a criança quanto com a própria mãe – ou figura substituta – de quem a

94 GUENTHER, Lisa. *The gift of the other*: Levinas and the politics of reproduction. Albany: State University of New York, 2006, p. 139 (tradução livre da autora e ênfase no original).

primeira depende. Trata-se de um deslocamento da mãe do papel de "animal laboral", "serva", "mártir", "funcionária", "máquina" ou qualquer outra analogia que signifique sua falta de escolha, para assumir seu lugar por direito: de *autoridade* e principal sujeito nos processos relativos à natalidade reprodutiva, como parte de sua própria sexualidade. Em vez de um fardo fisiológico, a potência de gerar a vida poderia ser percebida como um direcionamento específico da expansão da sexualidade da mulher, que envolve a importante escolha ética de tornar-se "infinitamente responsável" por um desconhecido. A partir dessa posição de autonomia as mães poderão finalmente nos informar o que *querem*.

A dimensão corporal na qual a maternidade se forja é um elemento crucial que não pode escapar à tentativa de compreensão dessa subjetividade específica que, precisamente nesse aspecto, se diferencia tanto da subjetividade da *mulher* quanto do *pai*. A experiência do "outro em si", que Guenther descreve como *anárquica*, é um paradoxo que provoca uma fissura tanto na percepção que o indivíduo tem de si como no conceito mesmo de indivíduo. O sujeito materno se vê ao mesmo tempo dividido e multiplicado, seus antigos contornos se expandem e se tornam permeáveis pelo irrompimento de um *outro* de dentro – e de fora – de si:

> O corpo grávido desafia a representação adequada; ele continua sendo ele mesmo ao mesmo tempo em que se torna mais do que ele mesmo. Como observa Kelly Oliver, "Com o corpo materno, a noção de 'um' torna-se problemática, assim como a noção de dois". (Oliver 1997, 162).
>
> Na gravidez, o corpo não coincide mais perfeitamente consigo mesmo; ele escorrega para fora da articulação, ultrapassando seus próprios limites, ao mesmo tempo em que fragmenta sua identidade ou sua homogeneidade. Essa ruptura não é o mesmo que alienação; o corpo que carrega o Outro ainda é ele mesmo, ainda "eu", mas não mais exclusivamente "meu",

> liberado de ser minha propriedade, mas também impedido de se tornar propriedade de um Outro.[95]

Do ponto de vista psicanalítico, Julia Kristeva, por sua vez, se refere a essa experiência como um "colapso passional", que transforma o sujeito em um "multiverso" ante o qual ela sugere a proposição de um novo objeto de análise, que não se equipare aos "conceitos que balizam uma subjetividade universal (originalmente masculina)".[96] A autora adota o neologismo *religância* para nomear esse atravessamento pelo *erotismo materno*, ao qual ela destaca a importância de restaurar "sua **complexidade biopsíquica,** tanto para o bem-estar da criança, quanto em benefício da emancipação da mulher, no e pelo materno".[97] Afinal,

> estando ou não preparada por um desejo de maternidade, cada futura mãe é capturada desde o início por estes eventos biopsíquicos que são a gestação, o parto e o aleitamento, de tal sorte que a religância materna não somente é irredutível a uma função simbólica, definitivamente social, como acontece com a função paterna, mas ela é uma *paixão*.[98]

Ou seja, em consonância com o conceito da sex*ualidade primária*, ambas abordagens reconhecem a importância subjetiva e simbólica da dimensão do corpo e seus afetos na experiência materna, sem reduzi-la, porém, ao âmbito meramente instintual:

---

95 GUENTHER, Lisa. *The gift of the other*: Levinas and the politics of reproduction. Albany: State University of New York, 2006, p. 101 (tradução livre da autora).

96 KRISTEVA, Julia. "A religância, ou do erotismo materno". *Ide*, São Paulo, vol. 35, nº 55, 2013, p. 208.

97 KRISTEVA, Julia. "A religância, ou do erotismo materno". *Ide*, São Paulo, vol. 35, nº 55, 2013, p. 206.

98 KRISTEVA, Julia. "A religância, ou do erotismo materno". *Ide*, São Paulo, vol. 35, nº 55, 2013, p. 207.

> esta paixão é também uma vocação. Jamais desprovida de significado no ser falante que é a mãe, ela se inscreve na herança cultural e nas capacidades imaginárias e simbólicas de cada mãe singular, as quais atribuem sentido e significado às pulsões e à gestação que as transforma.[99]

Entretanto, evidentemente a *ordem simbólica do Pai* não oferece espaço ou substrato para que cada mãe singular possa elaborar o sentido e o significado de sua experiência para além do imaginário de silenciamento, sofrimento e servidão que lhe é imposto. Na contramão da lógica de devastação e gestão da escassez, a *religância* se manifesta como um "**estado de urgência da vida**", que vai "até os limites da própria vida".[100] Nesse ponto, inclusive o elemento *morte*, que tem operado como método, moeda e medida do poder patriarcal, é ressignificado e reintegrado ao ciclo vital pela perspectiva do *princípio do amor materno*. O sacrifício pode ser válido na medida exata em que se dê em função de promover mais vida, mas nunca por determinação e consumação da vontade de um soberano qualquer.

Vale notar que ao longo deste ensaio nos referimos ao amor materno sempre como um *princípio* e nunca como uma *lei* de nenhum tipo, porque são conceitos opostos. Um princípio nunca é uma imposição arbitrária de uma conduta. Um princípio é algo como uma ideia ou uma semente: contém em si um sentido ou um propósito bem definido, mas a maneira como se expressa depende da realidade material e, em condições favoráveis, irá crescer e se multiplicar. A lei, ao contrário, parte de uma abstração que impõe, controla e vigia, forçando a realidade a seu próprio molde. Por isso mesmo, falar em "leis naturais" que governam o corpo que gesta e que pare tem sido algo tão opressor. Uma suposta "lei da

99 KRISTEVA, Julia. "A religância, ou do erotismo materno". *Ide*, São Paulo, vol. 35, nº 55, 2013, p. 207.

100 KRISTEVA, Julia. "A religância, ou do erotismo materno". *Ide*, São Paulo, vol. 35, nº 55, 2013, p. 213.

natureza", por definição, deveria ser imutável e incontestável. Mas a "natureza" não legisla, quem o faz são os humanos.

Um princípio é gerador de realidade a partir da interação com a particularidade de cada contexto, assim como a vida que, por princípio, se adapta. E eis o grande paradoxo da potência vital: ela cede. É graças à capacidade de abrir-se para o *outro*, de ceder às transformações ambientais e readaptar-se sempre que a vida prospera ou persiste. Sua força criativa e sua vulnerabilidade ante a opressão são faces de uma mesma moeda. Da mesma forma, o *princípio do amor materno* cede, aceita e se adapta em função da urgência da vida. É justamente sobre sua característica de abertura e receptividade que o poder patriarcal pressiona para eliminá-lo e é por isso que esse princípio e essa potência precisam de proteção. O *vazio* como abertura para o *outro* e o *colapso* que fragmenta o uno em múltiplo são elementos inerentes ao princípio materno. Assim como a *substituição* é sua operação mais básica como estratégia de preservação: a mãe pode faltar a qualquer momento e por qualquer razão, mas o amor e os cuidados não podem faltar jamais à criança, que é – ou deveria ser – responsabilidade de toda a sociedade. Como na famosa história bíblica de Salomão e as duas mães, ou no *Círculo de Giz Caucasiano* de Bertolt Brecht: a mãe verdadeira prefere abdicar de sua criança do que permitir que a machuquem, porque ela a ama e não a vê como uma propriedade, ao contrário do que faz a falsa mãe. O problema é que não deveríamos estar à mercê da lei nem da autoridade patriarcal para decidir o que é melhor para as mães e suas crianças. A proposta aqui é tomarmos a simbiose materno-infantil como um *princípio* para as relações humanas, para a ética e, idealmente, para uma política social e uma ordem simbólica que priorizem a dignidade da vida para todos os seres, começando pelas pessoas, todas elas.

O bebê que chora e a mulher que grita no parto estão dizendo todos os dias a quem tenha ouvidos para escutar o quão inaceitável é qualquer tentativa de controle sobre seus corpos e sobre a vida mesma. Que essa voz de dor se converta em um grito de liberdade e prazer!

REFERÊNCIAS BIBLIOGRÁFICAS

ASSMAN, Jan. "L'image du père dans l'ancienne Egypte". *In*: TELLENBACH, Hubertus *et al. L'image du père dans le mythe et l'histoire*. Paris: PUF, 1983.

BALINT, Michael. *A falha básica*. Porto Alegre: Artes Médicas Sul, 1993.

BBC. "The world's first artificial womb for humans". *BBC*, out. 2019. Disponível em: https://www.bbc.com/news/av/health-50056405. Acessado em: 13.03.2024.

BERGMAN, Nils J. "The neuroscience of birth: and the case for Zero Separation". *Curationis*, vol. 37, nº 2, 2014. Disponível em: http://dx.doi.org/10.4102/curationis.v37i2.1440. Acessado em: 13.03.2024.

BUSTOS, Casilda Rodrigáñez; VIÑAMBRES, Ana Cachafeiro. *La Represión del Deseo Materno y la Génesis del Estado de Sumisión Inconsciente*. 3ª ed. Murcia: Crimentales, S.L. 2007.

CAVARERO, Adriana. *Spite of Plato*: a feminist rewriting of Ancient Philosophy. Nova York: Routledge, 1995.

CLASTRES, Pierre. *A sociedade contra o Estado*. São Paulo: Cosac Naify, 2012.

COMITÊ DE SOLIDARIEDADE À RESISTÊNCIA POPULAR CURDA DE SÃO PAULO (Coord.). *Soresa Rojavayê*: revolução, uma palavra feminina. São Paulo: Biblioteca Terra Livre, 2016.

CONSELHO FEDERAL DE MEDICINA. *Nota à imprensa e à população*. 2019. Disponível em: https://portal.cfm.org.br/images/PDF/nota-violencia-obstetrica.pdf?fbclid=IwAR0KJt-_0WFJKGeBG04eN_8xHk1FsCKvK6XNBdjQ5nnQANFoCwcDMt3mh24. Acessado em: 13.03.2024.

ÉSQUILO. *A trilogia de Orestes*. Rio de Janeiro: Ediouro Publicações, 1988.

FEBRASGO. "Posicionamento oficial do Ministério da Saúde sobre o termo 'violência obstétrica'". *Febrasgo*, mai. 2019. Disponível em: https://www.febrasgo.org.br/pt/noticias/item/797-posicionamento-oficial-do-ministerio-da-saude-sobre-o-termo-violencia-obstetrica. Acessado em: 13.03.2024.

FEDERICI, Silvia. *Calibã e a Bruxa*: mulheres, corpo e acumulação primitiva. São Paulo: Elefante, 2004.

FREUD, Sigmund. *Além do princípio do prazer, psicologia de grupo e outros trabalhos*. Edição Standard Brasileira das Obras Psicológicas Completas de Sigmund Freud. vol. XVIII. São Paulo: Companhia das Letras, 2010.

GUENTHER, Lisa. *The gift of the other*: Levinas and the politics of reproduction. Albany: State University of New York, 2006.

HENRIQUES, Tatiana. "Violência obstétrica: um desafio para saúde pública no Brasil". *Página Grená*, Rio de Janeiro, fev. 2021. Disponível em: https://www.ims.uerj.br/wp-content/uploads/2021/02/violencia-obstetrica_tatiana_henriques_pagina_grena_fev2021.pdf. Acessado em: 13.03.2024.

HUXLEY, Aldous. *Admirável mundo novo*. Lisboa: Editores Associados, 1932.

INSTITUTO ANDREA WOLF. *Mujer, vida, libertad*: Desde el corazón del movimiento de las mujeres libres de Kurdistán. 2ª ed. Barcelona: Descontrol Editorial, 2021.

JINEOLOJÎ Comitê Europa. *Jineolojî*. 2ª ed. Neuss: Mezopotamien Verlag und Vertriebs GmbH, 2018.

JOSEFSON, Deborah. "Scientists fertilise mouse eggs without sperm". *National Library of Medicine*, 2001. Disponível em: https://www.ncbi.nlm.nih.gov/pmc/articles/PMC1120776/. Acessado em: 13.03.2024.

KEHL, Maria Rita. "Maria Rita Kehl: em defesa da família tentacular". *Fronteiras*, dez. 2013. Disponível em: https://www.fronteiras.com/artigos/maria-rita-kehl-em-defesa-da-familia-tentacular. Acessado em: 13.03.2024.

KRISTEVA, Julia. "A religância, ou do erotismo materno". *Ide*, São Paulo, vol. 35, nº 55, 2013.

KRISTEVA, Julia; GOLDHAMMER, Arthur. "The Female Body in Western Culture: Semiotic Perspectives". *Duke University Press*, vol. 6, nº 1/2, 1985.

LEAL, Maria do Carmo *et al.* "A cor da dor: iniquidades raciais na atenção pré-natal e ao parto no Brasil". *Cadernos de Saúde Pública*, 2017. Disponível em: https://www.arca.fiocruz.br/bitstream/handle/icict/27811/A%20cor%20da%20dor-%20iniquidades%20raciais%20na%20aten%c3%a7%c3%a3o%20pr%c3%a9-natal%20e%20ao%20parto%20no%20Brasil.pdf?sequence=2&isAllowed=y. Acessado em: 13.03.2024.

MANTERO, Luciana. "Etiquetado frontal para lxs bebés del futuro". *Antifibia*. Disponível em: https://www.revistaanfibia.com/etiquetado-frontal-para-lxs-bebes-del-futuro/. Acessado em: 13.03.2024.

MARTIN, Emily. *A mulher no corpo*: uma análise cultural da reprodução. Rio de Janeiro: Garamond, 2006.

MONTAGU, Ashley. *Tocar*: o significado humano de pele. 10ª ed. São Paulo: Summus Editorial, 1988.

MURARO, Luisa. *El orden simb*ólico de la madre. Madrid: horas y HORAS, 1994.

NASCER NO BRASIL. *Inquérito nacional sobre parto e nascimento* (2011 a 2012). Disponível em: https://nascernobrasil.ensp.fiocruz.br/?us_portfolio=nascer-no-brasil. Acessado em: 13.03.2024.

NASCER NO BRASIL. *Reproductive Health 2016; 13 (Supplement 3). Childbirth in Brazil.* Disponível em: https://nascernobrasil.ensp.fiocruz.br/wp-content/uploads/2019/12/sumario_executivo_nascer_no_brasil-novos_resultados.pdf. Acessado em: 13.03.2024.

ODENT, Michel. "Is Labor a Complication of Socialized Birth?" *Midwifery Today*, ed. 128, 2018.

OLIVER, Diana. "Nils Bergman: Tras nacer, un bebé no necesita nada de sus padres, excepto a sus padres, su presencia". *El País*, jun. 2019. Disponível em: https://elpais.com/elpais/2019/06/03/mamas_papas/1559551086_801391.html. Acessado em: 13.03.2024.

PARTRIDGE, Emily A. "An extra-uterine system to physiologically support the extreme premature lamb". *Nature Communications*, abr. 2017. Disponível em: https://www.nature.com/articles/ncomms15112#Sec2. Acessado em: 13.03.2024.

REICH, Wilhelm. *O assassinato de Cristo*. 5ª ed. São Paulo: Martins Fontes, 1999.

REICH, Wilhelm. *Psicologia de massas do fascismo*. 2ª ed. São Paulo: Martins Fontes, 1988.

RODRIGÁÑEZ, Casilda. *A Matrística aqui e agora*. 1ª ed. Belo Horizonte: Luas, 2020.

______. *Pariremos com prazer*. 1ª ed. Belo Horizonte: Luas, 2020.

SAMPLE, Ian. "Prospect of babies from unborn mothers". *The Guardian*, jul. 2003. Disponível em: https://www.theguardian.com/world/2003/jul/01/health.healthandwellbeing. Acessado em: 13.03.2024.

SAU, Victoria. *El vacío de la maternidad*: madre no hay más que ninguna. 2ª ed. Barcelona: Icaria, 2004.

SESC; FUNDAÇÃO PERSEU ABRAMO. *Mulheres brasileiras e gênero nos espaços público e privado*. Disponível em: https://apublica.org/wp-content/uploads/2013/03/www.fpa_.org_.br_sites_default_files_pesquisaintegra.pdf. Acessado em: 13.03.2024.

TARAZI, Shadi. "Post-gastrulation synthetic embryos generated ex útero from mouse naive ESCs". *Pub Med*, 2022. Disponível em: https://pubmed.ncbi.nlm.nih.gov/35988542/. Acessado em: 13.03.2024.

NOTAS

Eu sou porque nós somos

Marielle Franco
1979-2018